伊莉莎白・德依——著
ELIZABETH DAY

譯——羅雅涵

失敗學

每一次失敗，
都是一次生命系統的升級。

FAILOSOPHY

A Handbook For
When Things Go Wrong

目錄

Contents

名人失敗談 4
前言 10
主題一
失敗是什麼？ 23
主題二
面對失敗的七大法則 29
・法則一、失敗就只是失敗而已 33
・法則二、「你」不等於「你的想法」 45
・法則三、二十幾歲時的失敗會讓你往後的路走得更穩 59
・法則四、分手不是悲劇或世界末日 73
・法則五、失敗是資料收集的過程 85
・法則六、沒有「未來的你」這回事 97
・法則七、接受自己的脆弱才能變得堅強 109

主題三
一套新的人生哲學 129

結論
失敗教會我們的成功之道 143

附錄
過來人的失敗經驗分享 151

特別收錄
台灣年輕人與工作者心聲 177

【失敗談】

人生所有的經驗都跟談戀愛很像，如果你很在意，就不會計較付出

網紅呱吉

人生第一次失敗是二十歲時創業，當時的我看到了遊戲中文化的商機，也確實在一個正確的時機點賺到了一筆錢。眼光沒錯，但創業的心態卻錯了。因為我只是單純想靠興趣輕鬆度日，用天賦與本能去經營一家四人的工作室，卻沒想過任何事業都要有對現在的經營與對未來的洞察，所以這個創業最後變成了一個維持兩年的興趣，沒有成為安身立命的事業。這種心情，這種工作的態度，從我二十歲一直延續到三十歲。

這中間我做了許多工作，網路公司的企劃、劇場的編導，都是憑著一時的熱情工作。熱情消退，工作的態度就跟著煙消雲散，而我服務了超過十年的劇團就在這種藝術家的工作態度之間解散了。這是我第二次的大挫敗。我始終

認為自己充滿創造力，認為自己很酷，這樣的想法到了四十七歲的今天也沒有改變。但當時的我沒有搞懂什麼叫做專業的工作態度。

三十歲後才到職場上班，不服輸的精神讓我在工作上頗有斬獲，一路升遷過關斬將。這個過程讓我體會到一件事：不論你擁有多少才華，那種像是軍隊完成任務的紀律和責任感才是人生勝負的最後關鍵。

三十五歲左右那一年，我和女友（現在的老婆）關係降到了冰點。那時候的我認為這百分百是對方的錯，是她先對我冷淡，是她讓兩人的關係變得無聊。我相信愛情這種事就是跟著感覺走，沒了的東西不用強求。於是除了放著爛之外，我還任由它發生了最壞的結果。分手的時候，大家都受了傷，她在咖啡廳裡體貼地說，你是個好人、這不完全是你的錯，也說自己大概很難再快樂起來。在一起十五年，兩人都走到了人生的一半，但這段關係卻像我過去曾經開創的所有事業一樣無疾而終，好像也是個巨大的失敗。

一直到我回家收拾自己行李的時候，我看著她頭上冒出來的幾根白髮，才意識到這些時間的重量。我突然明白，愛情和事業一樣，不只是一種感覺或興趣而已，也是一個選擇。你可以選擇做與不做，但是要走到最後，就必須對這個選擇有更高的責任感。你要花時間去經營與努力，不能因為一些挫折或失敗的體驗就放棄卓越的可能性。吵架的時候要想著怎麼化解糾紛，日常的時候要想到如何創造生活的驚喜，人生所有的經驗最後都跟談戀愛很像，如果你很在意，就不會計較付出的程度，只會在意有沒有和最喜歡的人在一起。

這就是我從失敗中學習到的事情。

【失敗談】

成功與失敗的定義取決於你想要走到哪裡

「投資癮」創辦人簡瑋德Wade

我的就學時期——熱情能讓你在失敗中重啟

從小因為調皮被母親送到籃球校隊去訓練，但無論自己多努力，永遠只能當候補球員，直到有一天在球場上做了危險動作使得自己的慣用手粉碎性骨折，送醫動完手術之後整整一個多月沒辦法運動，等到不能運動時，才發現自己熱愛籃球，術後一個月我開始訓練自己的非慣用手，整整練習了半年之久，等傷口痊癒後發現自己的雙手都成了慣用手，也因為這樣球技大幅提升，回歸球隊得到教練的賞識，成為先發主力球員，原本是一個悲慘的運動傷害，卻因為熱情不減而持續增長，因為失去才確認籃球為自己一生熱愛的事。

我的就業時期——從失敗中找出路

進入職場時發現薪水與自己的想像有一段落差，拿著基本薪資對於未來一切茫然，公司要求金融業前端必須不顧一切的推銷金融商品，以達到業績目標，但因為自己不願妥協使得銷售業績總是吊車尾。當時的自己無路可退，只好開始學習交易，寧願自己承擔風險，也不願讓客戶過度冒著無謂的風險，最後在交易市場不斷摸索之下，找到屬於自己的交易邏輯，快速累積資產並勇敢離職成為全職投資人。

我的全職投資人時期——失敗只是成功的過程

我曾經以為只要學好交易就能過上更好的生活，但事實上離職之後才是挑戰的開始，在累積資產的過程中碰到許多困難，當日的損益從一個便當、一台機車、一輛汽車，甚至到面臨一間房子的震盪，金錢來得太快，使我脫離原本的價值觀，我開始忽視健康也不再自律，甚至瞧不起父母在傳統市場上賺的銅板。在價值觀越來越偏差的情況下，心靈的富足趕不上實際的財富，心理逐漸出現空虛感，不管是十萬、百萬、千萬都無法讓自己的內心踏實，最終錯誤的心態侵蝕了原本自律的生活，同時也造成了大筆的虧損，直到身體開始出現異狀時，我才意識到自己的失敗。在某次大停損的隔日清晨，看到四點起床工作的父母，才讓我覺悟，家人是最重要的資產，接著我花了好長一段日子開始整理思緒，重新調整生活，回歸自律，慢慢找回生活與投資的平衡，進而找到屬於自己的定位。

在那段低潮的日子裡我時常告訴自己：「我們總是在失敗，但失敗只是一個過程，只有停下來才是結束，如果繼續前進，就有可能成功。」

前言

自從二〇一八年七月十三日到現在，每一天我都在思索「失敗」這件事。不論是我自己的經歷，還是別人的經驗。那些讓我們成為現在的自己的各種失敗，以及從後見之明來看似乎很愚蠢的失敗，大至婚姻破裂，小至連駕照都考不上。

我之所以能夠清楚記得是哪一年、哪一天，是因為那天我開設了一個podcast頻道，叫做「如何失敗」（How to Fail）。事實上，頻道的全名是「伊莉莎白．德依如何失敗」（How to Fail With Elizabeth Day），而這個名稱本身就是一個可笑的失敗，除了未經周全考量，我也沒有事先做功課，不知道原來早就有另一個頻道已經取了類似的名字。

不過幸好當時我並未發現這件事。有天晚上我拿彩色簽字筆畫了頻道的logo，還用我最愛的馬克杯杯底描繪出花朵形狀的徽章。我親手寫上頻道名稱，隨意用粉紅色的螢光筆上色。接著我上eBay把自己在那段失敗婚姻中留下來的婚紗給拍賣掉，以便籌措前幾集的錄音費用。一開始沒有人出價，我只好降價求售，最後終於有人買了，我用大箱子把禮服裝起來，拿到郵局寄出去，有種鬆了一口氣的感覺。婚姻誠然失利，至少結果還有點獲利。

頻道命名起步不順，婚紗賣不到好價錢，也沒能找個圖像設計師幫我製作專業一點的logo，這一切看來似乎注定我的頻道命運多舛。然而，我沒料到的是，這個頻道以及隨後出版的傳記，竟然成為我這輩子做過最成功的事。真的，事實就是如此。

千萬不要鐵齒地認為這個世界上有什麼不可能的事。

執筆之際，我的頻道已經經營了十八個月，即將邁入第七季。它吸引超過千萬人次下載，或許是因為主題相對簡單。每週我會邀請一位來賓，請對方先想好三個「失敗」的經驗，或嚴肅或有趣，或深刻或膚淺，唯一的標準是他們對於談論這件事不會覺得不安，而且說得出來從中學到什麼教訓。

我希望讓那些被生活中各種挫敗給弄得精疲力竭的人們知道自己並不孤

單，讓他們相信在失敗的另一頭依然充滿希望。這裡有個前提是：明白自己為什麼會失敗，會更容易找到成功之路。多數的失敗都可以讓我們更認識自己，也可以告訴我們一些有意義的事情，只要我們願意傾聽。此外，努力掙來的果實總是特別甜美。

我採訪的對象跟我分享了他們失能的家庭、心理健康的問題，以及經歷重大失去後難以平復的悲傷情緒——二十一歲的兒子死於一場小手術、流產、沉淪毒癮十年等等。我也檢視了自己在專業與個人層面上的失敗，在信仰與關係中的失敗，以及時不時會失去自我價值，它們就像是自動循環的週期，往往到最後我的世界會因此崩潰，我不得不面對真實的自己，而這個真實的我完全不同於我努力想要成為的那種無可挑剔、快樂又滿足的完美形象。

除此之外，我還反省了我失敗的婚姻，以及沒能夠有自己的孩子；我總是想要取悅他人，結果只是把自己搞得心力交瘁；我甚至沒辦法好好處理前男友在我們分手後六個月自殺所帶來的各種問題；我不曉得怎麼表達內心的憤怒，只好用外界更能夠接受的悲傷情緒來加以掩飾；我沒能讓自己離開一段有害的關係，直到我快要滅頂。

所有這些失敗都是我的一部分，也是我成長的養分。人生是由各種脈絡交織而成。體驗人生的各種面向，不論好的壞的，讓我們得以完整理解存在的意義。我覺得自己現在的這段感情很幸運，不只是因為我遇見一個很棒的人，也因為我遇過不是那麼好的人，經歷過不是那麼好的關係，所以我更懂得自己想要什麼，也更知道如何珍惜。

「夜越黑，星光越亮。」杜斯妥耶夫斯基（Dostoyevsky）曾這麼寫道。

接受失敗，表示我不再陷於懊悔。每次事情出了差錯，它會引領我走向我應該去的地方——就是此時此刻，我在寫這本書的當下。我相信整個宇宙是一個有意識的生命體，雖然我們生為不完美的人類，無法企望總是能夠理解它，不過人生自會慢慢教導我們需要學習的一切，只要我們願意接受各種可能性。

有些人可能會覺得這麼說聽起來有點太靈性了。我稱它是一種信念。你不用信奉特定的神或有什麼宗教信仰。這個信念就是一種信仰：相信事情都會變好，都會過去的。

我想起更多生活中的小挫敗。印象特別深刻且令人尷尬的情況，是七歲那年前往動物園遊玩的路上，我的內褲從裙底滑落下來，因為褲頭的鬆緊帶鬆脫了。還有我和現任男友第一次約會時，剛自我介紹完，我才坐下脫掉外套，就不小心在時髦的開放式酒吧前，當著眾人的面摔個狗吃屎。

我到現在都不會用Excel試算表，也不知道怎麼用PPT做簡報。我不會報稅，也搞不懂美國的投票制度或什麼球賽的越位規則，不管別人跟我解釋過多少次。托爾斯泰的《戰爭與和平》我怎麼看都看不完，人家說拍得很棒的自然生態紀錄片，我總是看到想睡覺。我沒辦法吃辣也沒辦法把頭潛入游泳池的水裡，儘管每個前任都保證說要教會我游泳。

我知道一直想著各種失敗會讓我看起來像個異類。多數人都努力避免沉溺在失意或人生難免的挫折裡，不執著於宇宙發給他們的種種爛牌。二十世紀下半葉，我們見證了正向心理學運動發光發熱，尤其一九五二年牧師諾曼·文生·皮爾（Norman Vincent Peale）出版了《正向思考的力量》（*The Power of Positive Thinking*）一書，又推了這種心態一大把。（名言範例：「相信你自己！對你的能力有信心。」）

隨後，自助（self-help）產業的興起與這股熱潮交會，我們發現自己不斷被鼓勵要往好處想，不要陷入負面思維。可是這樣的主張和信念反而讓我們無法充分發揮自己的潛能。我們每天一早就要對著鏡子裡的自己信心喊話，簡直就像勞勃·狄尼洛（Robert De Niro）在電影《計程車司機》（*Taxi Driver*）裡的角色，只不過沒有那麼神經質。而我們相信這麼做所得到的回報將會是財富、影響力、幸福快樂，以及覓得真愛。總之，只要我們抱持樂觀的心態，成功就會不請自來。

我並不是不贊成正向思考運動。我是支持的。舉例來說，你可以訓練你的大腦更快樂一點（本書目的之一就是要告訴你怎麼做）。保持樂觀確實可以給我們動力去做自己本來害怕去做的事。只不過真要達到這樣的效果，實際上你需要付出比對著鏡子喊話或在網路上寫些偽哲學的名言佳句更多的努力。我們的心理肌肉跟身體肌肉一樣，需要不斷運動與鍛鍊。

正向思考的連鎖反應是將「失敗」這件事給邊緣化，彷彿它跟痲瘋病一樣會傳染人；想太多失敗就代表我們會像沒有鬥志的鬣狗一樣，永遠只能揀別人吃剩下的骨頭。

我們每天被各式各樣成功的故事給轟炸，以至於我們幾乎要相信例外（成功）才是常態。這是一件很危險的事。邏輯上，成功之所以迷人正是因為它罕見。例外之所以是例外，是因為它存在於正常的範圍之外。我們生活在一個追求完美與幻想完美的年代，網路社交媒體讓每個人都覺得自己有可能成名。我們認為只要我們夠聰明、夠瘦、夠有愛心或人脈夠廣，某種程度上就是我們夠好的話，成功就會降臨。

與此同時，無所不在的網路文化讓我們深信任何失敗都會給別人看笑話、很丟臉。發一篇腦袋裝漿糊的推文，你可能就會因為做過的各種蠢事而被肉搜或網路公審。結果就是我們變得更不願意去冒險或嘗試，害怕任何失誤都會讓我們看起來沒那麼完美，也擔心自己犯的錯誤會被貼上網放大檢視，受盡眾人的毒舌。

在這樣的情況下，我們如何才能快樂？想要快樂不足以讓你得到快樂。

我們視追求成功與快樂為終極目標，但快樂必然是短暫的，唯有跟其他較為黑暗的情緒相比，我們才懂得珍惜快樂。一直處在快樂的巔峰會讓人精疲力竭，就像是坐在不斷往前衝的雲霄飛車上，或許很有趣，但是它會讓你過度亢奮，又難以預期接下來會發生什麼事，到最後你會把自己搞得面目可憎。

如果說更值得我們追求的是比較平穩、沒有那麼大誘惑力的滿足呢？或者假如我們試著接受好事和壞事都會發生，而且兩種經驗同樣可以教會我們很多事情呢？這樣的思考過程需要練習和努力，它不會就這樣發生。而本書要教你怎麼把這種思考模式變成日常生活的一部分。

所以儘管過去幾年我花了很多時間不斷思考失敗這件事，但奇怪的是，它並非一種負面的體驗。我反而覺得自己變得更堅強、更快樂，也更充滿力量。我不會再為自己曾經犯過的錯誤而感到困窘不安，因為當我回頭看生命中經歷過的各種危機，我對於自己能夠撐過來了感到驕傲。它們讓我成為現在的我，可是它們無法定義我是誰。

思考自己走過的路，想想那些經歷告訴我們什麼，可以避免重蹈覆轍。

擁抱失敗，就是擁抱成長。每個人都會失敗，就算是那些站在紅毯上接受眾人歡呼的成功人士，以及那些看起來充滿自信、什麼都有辦法解決的人，也免不了失敗這一關。

失敗不分身分地位，雖然不可否認的，財富和權力顯然會讓某些失敗變得更加可以承受。整體而言，失敗是一股難以抵擋的力量——這麼想會讓人豁然開朗。假如你知道有件事一定會發生，為什麼要浪費生命試著去避免它？為什麼不接受失敗的事實，把力氣放在將它轉變成為你的助力？為什麼不好好討論它？解開禁忌的唯一方式就是大方地談論它。面對失敗所帶來的羞愧感，解藥就是分享失敗的經驗，這也是為什麼當事情出差錯時，我們更應該敞開心胸，尋找出路。將失敗去污名化，它就喪失了傷害你的力道。

這就是《失敗學》這本書的起心動念。

本書集合我這一路走來學到的各種教訓，以及主持podcast頻道採訪許多優秀又能啟發人心的主角們所帶給我的領悟，也包括那些願意和我分享他們故事的讀者與聽眾。我把這些珍貴的材料消化吸收後，萃取出「面對失敗的七大法則」。當然，這些法則並非無所不包，也不是每一個都能引起所有人的共鳴。它們的目的是作為你面對生命難關時的指引。你可以把閱讀這本書當作是和一個想要讓你覺得好過一點的朋友聊聊天。這些建議很實用，我也衷心希望它們具有啟發性。

書中我挑選了不少來賓們說過的智慧語錄，他們針對人生的各種問題提供不同的觀點，從考試失利到戀情失敗，甚至是如何處理嚴重的心理問題。你會看到暢銷書作家麥爾坎・葛拉威爾（Malcolm Gladwell）、哲學大師艾倫・狄波頓（Alain de Botton）、知名劇作家菲比・沃勒・布里奇（Phoebe Waller-Bridge）、詩人萊姆・西舍（Lemn Sissay）、美食作家奈傑爾・斯萊特（Nigel Slater）、歌手艾蜜莉・珊黛（Emeli Sandé）、演員梅拉・莎爾（Meera Syal）、運動員凱莉・霍姆斯（Dame Kelly Holmes）、演員安德魯・史考特（Andrew Scott），還有各領域好手。你也會聽到足球員、精神科醫師、政治人物、明星、主廚與實境節目參賽者的心聲。

以下是一些提醒。首先要聲明，我並非什麼失敗狂人。我也不是要你積極求敗，把自己做錯事的證據像戰爭勛章一樣驕傲地別在胸前。我鼓勵你面對任何挑戰時都盡力一搏，可是如果使盡全力之後還是不行，我認為不用將這樣的失敗看作是生命的污點。不論失敗的當下有多麼難受，多數失敗的經驗終歸可以讓我們從中學到些什麼。

第二，我的方法不一定適用於每個人。你絕對可以用你自己的方式面對你自己的失敗。如果你要與失敗共存，不想要從經驗中汲取任何有用或正面的教訓，那也沒關係。我只是選擇了一條不一樣的道路。我選擇相信所有事情都有值得學習的一面，就算我們無法立刻就看到。有時候唯有當事過境遷以後，回頭看我們才能得到後見之明的釋然。

第三，並非所有失敗都可以輕易地被理解與接受。我自知處於社會優勢：我是一個中產階級白人，我有安全的棲身之處。我無法理解有色人種女性或被邊緣化的人，甚至是無家可歸或是和有慢性病或癮症的親人住在一起，是什麼樣的處境與感受。然而不少接受我採訪的來賓可以為我們提供借鏡，所以本書也包括這些主題。

有些失敗更令人痛苦，也會造成創傷。我不是說遇到每個難關都要能夠立刻笑著再站起來。在某些情況下，人們需要經歷一段悲傷期；在採取其他行動之前，給這個過程它所需要的時間，是很重要的一件事。你不必馬上就覺得好過一點。沒有所謂敗在失敗這回事。你也要記得，難過沒有高低之分；假如你覺得很痛苦，痛苦就是個事實，不論原因為何。

話說回來，實際的痛苦和心理的折磨不同，發生的事和產生的情緒也不同。痛苦就跟失敗一樣，是人生無法避免的事。不小心讓熱茶燙到了自己的舌頭，我們立刻感受到痛苦，還好這樣的痛很快就會消退。隨之而來的是持續好一陣子的心理陰影，吃什麼東西之前都會猶豫一下。如果你拿這件事怪罪自己好幾個星期，甚至好幾個月，覺得自己怎麼會笨到燙傷了舌頭，那就是不必要的折磨了。反過來，你可以對自己說：「好吧，這次燙到舌頭，但起碼下次我就知道要喝熱茶之前，最好先加點冷水。」

簡言之，這就是所謂的**失敗學**。但是我保證這本書不會只教你怎麼小心喝茶。你可以一口氣讀完整本書，也可以在你生活中遇到挫折時仔細看看相關的章節。不論如何，我希望它有助你了解失敗不是什麼羞於見人的事。事實上，它反而能夠把我們連結起來。它是我們身而為人的一部分。

失敗是什麼？

錯誤終歸是事實的基礎，
假設一個人不知道什麼是什麼，
倘若他知道了，
起碼是知識的增長。

——心理分析師卡爾・榮格 Carl Jung

什麼是失敗？這是一個大哉問。有很長一段時間，我刻意避免回答這個問題，因為似乎怎麼樣都難以解釋清楚。最終我找到的定義是：失敗是指當事情無法按照原訂計畫進行與發展。於是你會開始質疑計畫——你從哪裡得到這個想法與計畫？是誰告訴你這是對的方法？是要求很高的父母，還是挑剔又勢利的前工作夥伴？是社會條件讓你覺得自己沒有走在對的人生道路上嗎？是你自己內在的批判聲音嗎？或者是你看了太多一九八〇年代的浪漫喜劇，以為每件事都會有完美結局，最好還要搭配振奮人心的配樂？（這不完全是開玩笑的，我快四十歲了才領悟到自己對浪漫愛情的想像都是受到電影《西雅圖夜未眠》、《麻雀變鳳凰》、《上班女郎》的文化灌輸。但是根本沒有用，它們是很棒的電影，卻無法成為現實生活的指引，除非你想變成一個喜歡聽深夜 call-in 節目的應召女郎。）

一旦你開始拆解你給自己設定的「計畫」，你會發現沒辦法按照計畫進行所帶來的傷害，可能沒有你原本想的那麼嚴重。畢竟所謂的計畫只是針對主觀的問題所採取的一種客觀的解決方式，而事實上你根本無法計畫在五年內要達到什麼目標，因為你無法知道這中間究竟會發生什麼事情。我會在「面對失敗的第六條法則：沒有『未來的你』這回事」中更深入探討這個概念。

我對於失敗的定義有個問題，在於它無法適用於生命中難以解釋的災難。本書寫作的階段，我最要好的朋友克萊米才三十八歲就突然腦出血，併發嚴重的腦中風。長話短說，她本來可能撐不下去了。她的家人被告知，就算她僥倖存活，也會變成植物人。不過最後跌破眾人的眼鏡，她不只活下來，表現還超乎每一次的醫療預期。她經歷腦部大手術，接著要重新學習走路和說話。她的勇氣以及對生命的熱愛，尤其在這樣極端的情況下，不是誰都能做得到。

當她吃力地在復健醫院進行一連串身體、職能與說話治療時，爆發了新冠疫情，疫情很快蔓延全球，人人都受到影響。醫院禁止探病以保護病患的安全。世界各地都有人染疫身亡，很多城市封城警戒，人們也開始居家隔離。忽然間生活就封閉起來。而我親愛的克萊米要承受的最嚴峻的戰役，就是無法看見她丈夫與兩個年幼的小孩。

後來她又接受顱骨成形手術，修補半邊的頭骨，手術後沒多久她確診新冠肺炎（她是院內第一個篩檢陽性的病人，我開玩笑說這不過是她驚濤駭浪人生的小插曲）。此時此刻，她除了正從顱骨和大腦手術中復原，也必須對抗沒有人真正了解的致命病毒。她渾身病痛又不得不和所愛的人分隔兩地。她每天持續進行療程，只不過治療師們都戴面罩、穿防護衣全身武裝。

然而克萊米從來沒有一句抱怨。她總是告訴我，她選擇與生命奮戰，而且她很感謝老天爺還願意給她奮戰的機會。親眼見證她巨大的生命力實在令人驚嘆。距離她中風後不到三個月，她已經可以出院了。

她先生傳了一張他去接她時的照片給親友們，克萊米在無人攙扶之下走出醫院大門，頂著一個大光頭看起來像是搖滾巨星。她穿的T恤上印著幾個字：「選擇愛」（Choose Love）。

將她的故事收錄在書中之前，我把這些段落唸給她聽。她要我澄清其實至今她尚未完全康復。對她來說，要找到正確的話語表達自己的意思猶非易事，即便她完全知道自己想要說什麼。她還是得接受物理治療。她說自己還有很長的一段路要走。

我相信她絕對做得到，因為她是克萊米。我從未見過有誰在看來如此難以跨越的難關下，還能展現這樣的勇氣、尊嚴與感恩。她從未質疑命運的不公。

儘管克萊米從來沒有問「為什麼是我」，我卻常常忍不住替她這麼想。為什麼是她？不過這個問題不會有令人滿意的答案。

我不會把這些改變人生的事件與考試失敗這類挫折等而視之。用怪力亂神的理由來加以解釋也不厚道。事實是，我也不知道為什麼壞事會發生在好人身上。但是我知道人類的心靈具有不可思議的力量可以撐過這些難關。

近來我到阿姆斯特丹進行書籍宣傳之旅，有位記者在採訪時告訴我，荷蘭語中有兩個字用來表示「失敗」。其一是*fale*，指一般的失敗，好比面試沒過或考不上大學。另一個字是*pech*，指我們無法掌控的失敗，由難以歸責的厄運造成的失序和斷裂。它和英文的**pitch**（瀝青）有同樣的語源學字根，表示黑暗或黑色的：這個詞源自木焦油或松節油蒸餾後留下黏糊糊的褐色物。十六世紀時，瀝青被用來作為防水材質。一七〇四年，英國作家丹尼爾・笛福（Daniel Defoe）用pitch-dark（漆黑）來形容一場颶風。*Pech*的概念有助我們了解失敗也可以是指一種無法解釋的黑暗狀態，有時候身在其中根本難以看見一絲光亮。

對於正深陷這種黑暗中的人，無計可施又難以反擊的感受旁人無從體會。然而我們可以改變自己面對危機的反應以及處理危機的過程，不論這樣的力量多麼微小。或許我們可以替自己的船隻塗上防水層，等下次風暴來襲時我們就可以應付得更好。

無論如何，這是我的希望。

面對失敗的七大法則

只要你盡了全力，就算你不是表現最棒的那個人也沒關係。

——流行歌手媚布兒 Mabel

希望和絕望的差別在於，就相同的事實卻說出不同的故事。

——哲學家艾倫・狄波頓

埋首錄製和編輯podcast採訪內容好幾個月的時間，我發現有些主題一再出現，有些建議或好的觀點我聽了之後會忍不住心想：「天啊，實在說得太好了，我一定要寫下來。」

一開始我整理出五個面對失敗的法則，日積月累下來又增加到七個。過幾年你再問我的話，說不定會有二十一個，但是現階段這七個法則已經足以涵蓋各個面向。

以下是本書的核心：面對失敗的七大法則，以及我從受訪者的訪談中擷取的名言佳句分享。

法則一、失敗就只是失敗而已

法則二、「你」不等於「你的想法」

法則三、二十幾歲時的失敗會讓你往後的路走得更穩

法則四、分手不是悲劇或世界末日

法則五、失敗是資料收集的過程

法則六、沒有「未來的你」這回事

法則七、接受自己的脆弱才能變得堅強

FAILUR
E

法則一、失敗就只是失敗而已

「每當我們感到很不快樂時，那是因為我們正在對抗事實；每當我們對抗事實時，當然就會覺得不快樂。」問題在於要怎麼調整我們的心態，試著如實地接受事情本然的樣貌？

「失敗就只是失敗」，這句話聽起來有說跟沒說一樣。請容我說分明。

面對失敗的第一條法則，就是必須承認失敗是一個事實。它確實存在，而且像氧氣一樣無所不在。想要讓氧氣消失或者希望生活中可以避免接觸到它，根本是不可能的事，也只會白費心思。氧氣是生命的必需品，而就某種層面來說，失敗也是人生必經的過程。失敗讓我們有機會學習與成長，只要我們願意的話。犯了錯才能知道什麼是對的，找出問題在哪裡，然後解決問題。

每個人都會失敗，在我們生命中的各個階段也都會遇上失敗。一旦你明白這一點，失敗就會是一個很管用的除錯機制。在這個廣闊豐饒又獨一無二的星球上，沒有什麼可以讓我們永遠免於失敗。真的沒有。希望失敗不存在就像是希望氧氣不存在一樣。失敗就跟其他存在的事實一樣，好比說茶包或鞋帶。你不需要過著提心吊膽害怕茶包或鞋帶的日子，同樣的你也沒必要對失敗抱持戒慎恐懼的心態。

當失敗發生了，它就是一個事實。我們加諸其上的各種或強或弱的情緒，才是我們可以控制的。

失敗不是別人告訴你說它是什麼，它就是什麼。每一個失敗的經驗都是個人的。我們應該盡可能區別失敗的事實與別人對它的論斷。他人的感受會因為情感、文化、家庭與專業包袱而有所不同，無法總是能夠作為你衡量自己生活的尺度。把你對失敗的感受與別人對它的評價分開來看，雖然這麼做很不容易，尤其在這個真實世界與虛擬世界緊密交錯的時代。

慧敏大師（Haemin Sunim）曾經教導我深觀失敗，他是南韓佛教界的百萬

擔心事情會不會出差錯毫無意義。我們只要想著：
「我已經盡了全力，也用我認為最好的方法去做了，
就看結果會怎麼樣。」
失敗只是走向目的地的過程。
——作家暨英國前特勤部隊成員
安迪．麥克納布 Andy McNab

The fact of worrying about whether it's all going wrong is pointless. What it should be about is just thinking, "Well, all I can do is the best I can do, in the way I think is the best way, and we'll see what happens at the end" ... Failure is part of the process of getting where you need to be.

僧侶（因為他的推特有百萬追蹤者，所以《衛報》在新聞標題上這樣稱呼他）。慧敏大師也是世界上最有影響力的禪宗導師之一；「慧敏」兩字是聰慧敏捷之意。

二〇一九年一月，我在位於倫敦市中心的出版社辦公室與他碰面，一同錄製podcast內容，他給我的第一印象是話不多。他穿著樸實的灰色僧袍和灰色長褲，一派沉默寡言，相形之下我聊著無關緊要的天氣似乎顯得有些尷尬。我努力要破冰，拉近彼此的關係，只不過當時我還不明白其實沒有冰需要破。我毋須這麼做。我只要做自己就好。

開始錄音之後，我問了他幾個問題，卻覺得有些不知所措。他在回答每個問題之前都會停頓好一會兒，我擔心是不是自己說了什麼冒犯到他，或者他根本不想回答問題。接著，他開口說話，回覆簡潔有力，很快我就發現自己預先準備的問題根本不夠用，我不曉得還要問什麼，而他似乎覺得沒必要填滿對話之間的空白。

我花了很長的時間才了解到我無法改變別人。
事實上我也無法控制其他人。
我沒辦法控制他們要做什麼。我只能控制我自己。
——作家塔拉・韋斯特弗 Tara Westover

It took me a long time to realise that I can't change other people. And I can't actually control other people. I don't control what they do. I can only control myself.

當你拋開對失敗的恐懼那一刻，
你就可以踢進更多球。
——英國前足球女將埃尼奧拉·阿魯科 Eniola Aluko

The minute you let go of the fear of failure, you score more.

採訪繼續進行，我漸漸習慣他的頻率。氣氛平靜。我內在神經質的喋喋不休緩和下來。現在我知道他這麼做是為了保留空間給我們兩個人思考自己說了什麼，以及接下來要說什麼。先觀察，再做出回應。

慧敏大師表示，深觀是深入理解的關鍵。他告訴我，靜心冥想的重點就在於「覺察你的心正在想什麼」。靜心並不是要你去尋找平靜的內心狀態。倒不如說，是要我們清楚察覺此時此刻自己的內心發生了什麼事。這才是你應該要做的事。

我請教他，下一步是不是不帶情緒地觀察？

「沒錯。」他說，「一旦你把自己的情緒或期待加進去，你會變得更在意。『我期待美好的事物發生。但是它沒有發生。我覺得自己好像失敗了。』」

他繼續闡釋說，「以不帶批判的方式，客觀且如實地看待自己，就是所謂的靜心內觀。」

我認為面對失敗也是如此。重點在於，不要抱持批判與恐懼的心態，客觀把我的失敗寫下來，甚至說出來——
這麼做並不是要抹消它們。
它們還是在那裡。
然而這麼做讓我明白失敗不是什麼世界末日，
而且可能有些好事會從中破繭而出。
——美食作家奈傑爾・斯萊特Nigel Slater

Putting my failures down on paper, or even talking about them – it doesn't banish them. They're still there. But it makes me realise that it wasn't the end of the world and, if anything, possibly some good has come out of it.

地看待它。在你將任何感受加諸於失敗之前，先思考失敗的事實。我們的感覺經常會被扭曲，它們源自恐懼、憂慮、悲傷、失望和內心的批判之聲。在危機時刻，它們往往不是衡量事實的可靠指引。這些負面的感受有時候會給我們錯誤的建議，讓我們做出錯誤的判斷，因為它們是自動的反射性反應，根據過去的經驗而內建在我們腦中，殊不知這些經驗可能已經不適用於現在的情況。我們常常覺得必須對抗正在發生的事，跟它過不去，假裝它不是這樣。但是這麼做從來沒有用。

「每當我們感到很不快樂時，那是因為我們正在對抗事實，」慧敏大師繼續說：「每當我們對抗事實時，當然就會覺得不快樂。」問題在於要怎麼調整我們的心態，試著如實地接受事情本然的樣貌？

「每個人都會失敗。重點在於怎麼優雅自在地面對失敗，以及如何從經驗中學習。」

慧敏大師希望分享給聽眾們的技巧是，相較於被自己對於失敗的感受給折磨，「觀察」就是一種靜心的練習。

「誰來觀察？」他問。

你，一個獨立的存有，你可以觀察你的情緒，而非被情緒給消耗與吞噬。你，一個重要的、有智慧的、具有觀察力的存有，才是真正可以控制事情將如何發展的人。

成功是一種個人的感知。

——知名作家傑西．伯頓 Jessie Burton

Success is a personal perception.

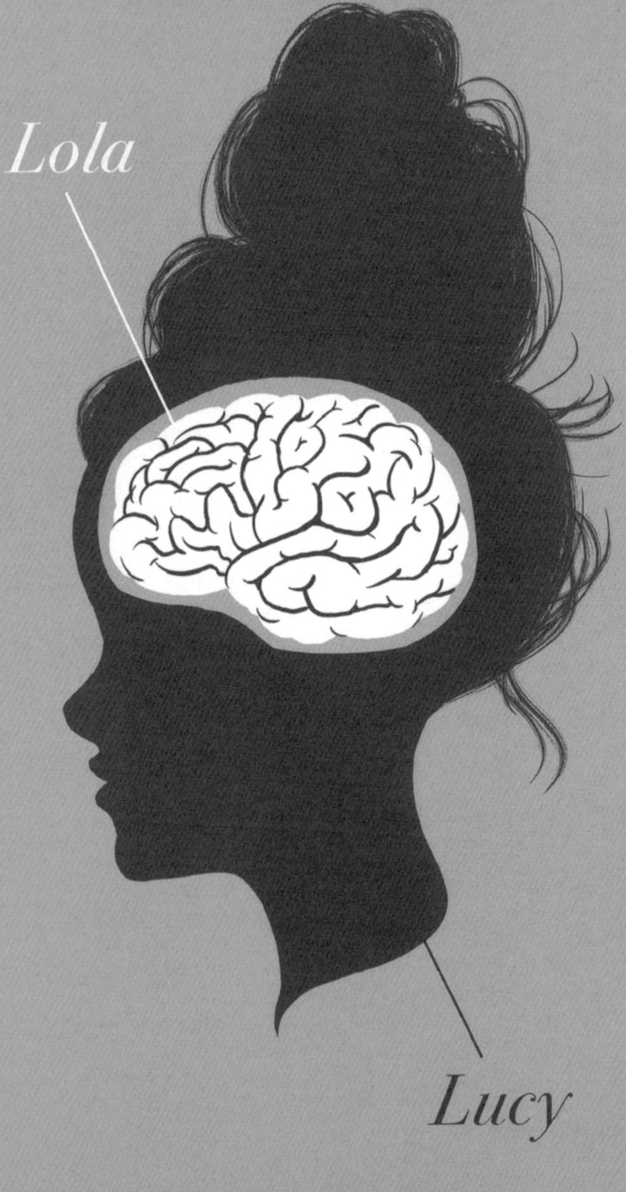
Lola
Lucy

法則二、「你」不等於「你的想法」

負面的想法往往不會告訴我們事實是什麼。它們可能是悲傷、恐懼、難過、已經過時無用的心理防衛機制的產物。

試想，如果一個人和他的想法是可以分開的，那會產生多大的影響。想像你可以把自己腦袋裡所有的想法都關掉，一個接一個，不論是擔心早上出門時忘了關掉哪個電源、煩惱小孩在學校的表現、牽掛著應該給媽媽打個電話、決定晚餐要吃什麼……如果沒有這些念頭，你還存在嗎？

答案是，當然存在。把你的想法關掉，「你」還是在那裡。

過去我一直認為成功的外部指標很重要：拿到好成績或工作獲得升遷。我認為透過這樣的表現，我可以證明自己值得被愛與被認同。但是後來我才領悟到，這只是我用來掩飾自己缺乏自信的一種方式。

我以為只要我把每件事都做對，就不會因為做錯事而惹人厭。假如沒有人不喜歡我，照理來說我就不會不喜歡自己。我相信把事情做好才能證明我存在的意義。這是我要進入生命這座主題樂園所必須付出的代價。

然而這麼做似乎行不通。漂亮的成績或工作成就帶給我的快樂只是短暫的。它無法讓我免於心痛、失去、被拋棄或在團隊中表現得很不上道。它無法讓我免於我費盡心力想要避免的失敗。它沒有讓我覺得自己變得更堅強，或者更加肯定我是誰。相反的，它讓我對於自己在這個世界上的定位以及我所做的事情感到更加困惑。

漸漸地我學到了，各種理智上的條件設定往往只是我們對於內在缺乏的一種外在回應。我開始領悟到，就算我不再追求任何外在的成就，我依然存在著。我腦袋裡的聲音並不是我。更精準來說，如同慧敏大師給我的啟示，我才是那個能夠觀察與掌控這些聲音與想法的人。

生存，以及決定什麼樣的方法適合自己，

是每個人不可剝奪的權利。

——暢銷書作家詹姆士・弗雷 James Frey

I think every human being has the inalienable right to live and decide what rules work for them.

一旦我們拆解對於自我的外在觀點，也就是外面世界投射在我們身上的要求和期待，剩下的那個我，內在的自我，本心具足，無需向外而求。

更棒的是：抱持具足的心，我們可以以本來的樣貌與他人交流往來，因為我們無須再偽裝，無須不斷努力要表現得比自己本來的樣貌還要好。我們不是假裝的。我們是真實、一致且完整的自己，我們的內在與外在合一。我們對自己的存在感到更加自在。相較於當個在宴會上一直想要引領風騷的賓客，現在我們可以安心地做自己，不用為了讓別人注意或看重你而展示炫耀。誰不想要當這樣的人？

至少，理論上如此。只不過付諸實行比較難一點。

†

在這裡我要介紹莫．加多（Mo Gawdat）。莫．加多是Google X前商務長，他在號稱地表最狂實驗室裡工作，專門發明一些瘋狂的點子，像是用高空氣球建立全世界的網路連線。他也是我的podcast頻道歷來下載收聽次數最多的節目來賓之一。他的訪談在二〇一九年四月播出，在那之後，在每個我演講的場合裡總是會有人告訴我，「莫．加多那一集的內容改變了我的人生。」我懂他們說的是什麼意思，因為我的人生也因此有所不同。

當莫．加多來到我的錄音室時，他提到他堅信每個人都可以選擇快樂。這是根據他個人的經驗。在他即將滿四十歲之際，表面上他擁有他想要的一切：前景欣欣向榮的工作、滿滿的財富、摯愛的老婆、兩個很棒的孩子，還有幾輛名貴的好車。

「我買萊斯勞斯最貴的車，」他告訴我，「我的車庫裡一度停滿十六輛車。買車，坐進車子裡，滿心歡喜六十秒，然後把車開出去，你看見什麼？一樣的馬路。你覺得好像有點不對勁，你繼續往前開，心想：『不是這輛車。或許另一輛車可以讓我更快樂。』」

儘管他的物質生活富裕且家庭美滿，但他並不快樂。不管他買了多少車，

我很努力很認真保持完美，因為假如我犯了錯，
我不確定我還會繼續愛自己。
——社會運動者卡蜜拉・索洛Camilla Thurlow

I took being perfect so, so seriously because I couldn't trust myself to still love myself if I made a mistake.

他還是不開心。身為工程師，他決定用科學方法來解決自己的不快樂。他花了十二年的時間，運用自己擅長的分析技巧設計出一個解決方法。結果他得到一個快樂公式，就寫在他出版的全球暢銷書裡——《為何我這麼努力，幸福卻那麼遠？》（*Solve for Happy*）。

那個公式很簡單：快樂等於或大於你對於生活中發生什麼事的感知減去你對生活應該如何的預期。基本上，如果你什麼預期都沒有，你就不會失望。如果你期待太多，你永遠會覺得不滿足。

將這套理論運用於實務，莫．加多表示，你必須明白且接受你的大腦就只是一個器官，你有能力控制它。你的想法是大腦運轉後的生化產物，就好比血液流遍你全身是心臟的生物功能。你不是你的血液。你也不是你的思想。讓你的大腦不要被面對問題時常常會出現的恐懼和焦慮反應給牽著鼻子走，才是正確的做法。

千萬不要誤會我的意思。我們的大腦是精密複雜又有用的工具，但前提是它提供的解決方案是根據清楚客觀的思考（「我是否應該換個角度想？」），或者根植於經驗反思（「我要怎麼看待這件事比較實際？」）。當我們的大腦因為壓力和喝了八杯咖啡後而腎上腺素飆升，陷入喋喋不休的迴圈中，它就比較容易當機。在這些情況下，大腦有時候會誤判身體發出的恐懼訊號，高估了威脅程度。

莫．加多舉了一個和女兒艾亞爭吵的例子。兩人吵完之後，他轉身離開現場，「我腦袋裡冒出的第一個想法是，『艾亞不愛你了。』然後我真的就這麼呆立在街道上，喃喃自語說：『你說什麼？你怎麼會有讓人這麼難過的想法？我的腦袋啊，你怎麼會這麼想？為什麼你要對我這麼說？你有證據嗎？』基本上，如果你讓自己的腦袋胡思亂想，它還可靠嗎？或者它會讓你走進死胡同，讓你莫名其妙就痛苦不堪？」

莫．加多相信，如果你的神經傳導系統沒出問題，心智也健全，你就可以訓練你的大腦更正向地思考。你可以命令它用正向的思維取代負面的思維；只要多多練習就可以做到。

「你告訴你的大腦把左手舉起來。它是否曾經對你說過：『不要，我不聽你的，我寧願舉起左腳。』不可能。」他繼續說道：「大腦會根據你下的指令行事。」

「現在，重點來了。我稱我的大腦叫貝琪。假如你的學校裡有個同學叫做貝琪，她很煩人，每隔七分鐘就出現在你身邊說一些關於你的壞話，讓你很害怕，也對你的生活產生不好的影響。那麼你每天到學校以後會想要去找她嗎？你會繼續聽她說話嗎？如果她不斷打擾你，你會怎麼做？你會說：『請不要這麼做了。』假如她開始說些奇怪的謊言，你會說：『妳有什麼證據可以證明？』如果沒有，她說她只是聽別人說的，你會告訴她：『不要再說廢話了，這樣做只是浪費我的生命。』這就是我們大腦會做的事。所以我會在腦袋思緒不停打轉時停下來對自己說：『貝琪，妳剛剛說什麼？』」

二〇一四年，莫．加多的人生遭遇沉痛的失去。他最愛的兒子阿里死於一場小手術，年僅二十一歲。做父親的他對生命的信念受到這場難以想像的悲劇深深打擊。他有可能重拾真正的快樂嗎？

我採訪他時，他兒子已經過世五年了，他說：「每個星期會有三、四天，我一早醒來或者深夜上床睡覺時，腦袋裡想到的只有『阿里死了』。他是我心頭的一部分，而那部分已經空了。」

這是他的大腦持續告訴他的訊息。

「我用一個很簡單的方式回應它，」莫・加多說：「我告訴它，你說得對，不過阿里曾經活過。」

「『阿里死了』是一個很痛苦的想法，『阿里曾經活過』也是同樣的意思，卻是一個比較美麗的想法。他的二十一年歲月裡充滿歡樂、智慧、學習、觀察與發現，這短暫的人生裝滿他與我、與她媽媽、與艾亞的記憶，我們絕對不會忘記。老實說，就算你告訴我，『我們可以消除你失去兒子的痛苦。』我也會說，『等等，別這麼做，我想要留著他，留住那二十一年的時光。』」

不快樂的主因從來不是你所面對的情況，
而是你怎麼思考它。
——心靈導師艾克哈特．托勒 Eckhart Tolle

The primary cause of unhappiness is never the situation but your thoughts about it.

「當我說『阿里曾經活過』，我會想起那些快樂的回憶，還有我們一起做過的事。當家作主的人是我，是我告訴我的大腦要採取什麼行動、做什麼事。如果沒辦法做些什麼，就不要用思緒折磨我；假如我根本無法改變什麼，那就沒必要讓自己不好過。」

採訪結束時，我努力忍著不要落淚。他提出的忠告像是一場安靜的腦內革命，所掀起的影響如滔天巨浪。

負面的想法往往不會告訴我們事實是什麼。它們可能是悲傷、恐懼、難過、已經過時無用的心理防衛機制的產物。它們像是嚴厲的雙親、愛指責的老師，不斷在腦袋裡批評我們，警告我們不要自以為是。但是它們這麼說有什麼根據？我們為什麼要被悲觀主義的貝琪牽著鼻子走？

我們並不等於我們內在負面的思緒，我們要質疑它們的真實性，改變我們對自己說話的方式。

不要說「阿里死了」，你可以說「阿里曾經活過」。

不要說「什麼都沒了」，你可以說「我曾經擁有」。

同樣的事實，不同的表達方式。經歷痛苦不安，我們可以選擇不要沉溺其中。就算失敗，我們也可以安然度過情緒風暴。

我們的想法可以成就很多事。讓我們給它們足以展現美好的空間。

法則三、二十幾歲時的失敗會讓你往後的路走得更穩

或許在這段獨一無二的時光中，我們最大的成就是能夠撐過去。畢竟，你瞧瞧：那些覺得自己二十幾歲時很失敗的人兒們，都可以撐到後來告訴我他們的經歷。

在我採訪的來賓們所談及的各種失敗中，有一個不斷出現的主題。這個主題不是沒申請到好大學或事業無成（雖然兩者也經常被提及），而是他們大部分人都覺得自己虛度了二十幾歲的大好年華。

一開始我很訝異這麼多的受訪者，不論背景、性別或專業，竟然都對那整整十年的光陰感到挫折。我原本猜想他們或許對於更早一點的青春歲月會更不滿意，原因在於無數電影、書籍和連續劇的文化制約，讓我們深信青春期是最討人厭也最叛逆的發展階段。但我訪問過的多數人似乎都安度青春期。現在回

想起來，可能是因為那個年紀的男男女女被預期會搗蛋和使壞，所以（根據莫．加多的快樂公式）那段人生經歷符合他們與眾人原本的預期；期待不高，失望也不大。

然而，到了二十幾歲的階段，內心期待與真實經驗開始走岔了路。一方面，刻板觀念認為這段時間我們應該要盡情揮灑生命，每晚都和朋友出去狂歡，隨心所欲、愛怎樣就怎樣，音樂聲震耳欲聾，酒一杯接著一杯。在那些年少輕狂的日子裡，我們不只應該做盡這些瘋狂事，也應該讓別人看見我們做這些事。我們的樂趣帶有表演的性質，唯有透過別人的注視眼光才算真實。

另一方面，二十幾歲的人必須追求好的工作，把生活安定下來，開始注意健康，建立穩定的關係，理想的狀況是開始存點退休金，因為我們可能會活到一百歲。對很多人來說，二十出頭的年紀是從學生身分踏入現實世界的第一步。在學校至少有個規範、課表、考試成績可以檢視自己的行為表現，但是現實生活裡完全沒有這些指標。沒有考試結果可以證明你是一個優秀的成人，只

二十幾歲時，我失敗過無數次，

很多很多失敗，不斷地失敗。

——名人主廚師莎敏・納斯瑞特 Samin Nosrat

I failed many times,massively, in my twenties.Constantly.

有其他人的表現可以參考，而在這個網路社群風行的年代，別人看起來似乎都過得比我們好。

雖然社交媒體成為讓人可以展現完美形象的新管道，可是總免不了互相比較。現在的情況尤其如此。

對一個二十幾歲的年輕人來說，生活在高租金、就業市場高競爭的年代，加上金融危機導致全球人心惶惶，還有氣候變遷與難以預期的選舉結果，種種因素加總起來幾乎讓人快要無法承受。二十幾歲應該是建立自我認同與找尋自我定位的年紀。理想而言，這樣的過程要順應個人的發展。可是當你努力要掙得一份好薪水、心慌慌不知是否做對人生選擇時，還要在IG上貼一些週末吃下午茶的美照假裝自己過得很好，只會讓這個過程更辛苦。

最常被用來鼓舞千禧世代的勵志名言之一是：「跳舞吧，像沒有人在看一樣。」（Dance like nobody's watching.）但是我不禁心想，假如感覺上每個人都在看著你，這裡指指、那裡說說，批評你的音樂品味，你要怎麼假裝沒有人

我就是不想要當我自己。
我覺得我不夠酷、不夠聰明、也不夠好。
——作家與廣播主持人菲恩・卡頓Fearne Cotton

I just wanted not to be me. I didn't feel cool enough, didn't feel smart enough, didn't feel like I was good enough.

當你二十歲時，應該嘗試一百萬種事物，尤其是你不擅長的，看看能否從經驗中萃取一些小小的美好。

——暢銷書作家麥爾坎・葛拉威爾 Malcolm Timothy Gladwell

When you're twenty, you should be trying a million things – especially the things you're not good at, just to see if there's some wonderful little thing you can extract from the experience.

在看呢？甚至你要怎麼找到機會跳舞？或者如果說你是一個很差勁的舞者呢？你是不是要先去上個舞蹈課精進一下？這麼做會不會讓你更能夠跟得上別人、更勝任也更容易成功？

可是這樣很累人！事實上我們拿自己和他們比較的那些人，那些看起來游刃有餘、掌控一切的人，他們和我們其他人並沒有太大的不同。他們在二十幾歲的階段同樣會感到迷惘困惑。

廣播主持人菲恩・卡頓（Fearne Cotton）提到她曾經罹患厭食症。傳記作家與播客桃莉・歐德頓（Dolly Alderton）描述她從事節目製作時如何迷失自己，因為那不是她想要的工作。歌手莉莉・艾倫（Lily Allen）在令人眼花撩亂的鎂光燈下掙扎著要了解自己，她接二連三懷了三個孩子，第一胎卻胎死腹中，這個創傷至今仍舊糾纏著她。作家賽巴斯汀・弗克斯（Sebastian Faulks）在二十幾歲時經歷過憂鬱症。文化評論員瑞文・史密斯（Raven Smith）連大學都畢不了業。演員安德魯・史考特（Andrew Scott）大學輟學。劇作家菲你的二十幾歲人生可能是在尋找自我認同和自我定位。
但我根本不知道自己是誰。我以為我知道。
我以為我了解自己，但其實我對自己一無所知。
——企業家暨電視實境秀名人傑米．萊恩 Jamie Laing

Your twenties is about finding your identity and finding out who you are. For me, I had no clue who I was really. I thought I did. I thought I knew everything about me, but I knew nothing.

比・沃勒・布里奇有過很多次糟糕的約會，這些經驗啟發後來她製作電視喜劇《邋遢女郎》（*Fleabag*），這部劇成為一種文化現象，還贏得六項艾美獎、兩項金球獎、一項英國電影學院獎。記者約翰・克雷斯（John Crace）沉淪於海洛因毒癮十年的時間。作家瑪麗・凱斯（Marian Keyes）把二十幾歲時在酗酒與戒酒之間來來回回的過程比喻為「在健身房裡踩飛輪……很努力卻原地踏步，我讓一切變得越來越糟糕。」

當我跟更多人聊到他們荒唐的雙十年華之後，我逐漸理解到，或許在這段獨一無二的時光中，我們最大的成就是能夠撐過去。畢竟，你瞧瞧：那些覺得自己二十幾歲時很失敗的人兒們，都可以撐到後來告訴我他們的經歷。他們很多人到了三十幾或四十幾歲，日子都過得更好也更有意義。我的經驗也是如此。俗話說年紀越大活得越自在，顯然說得沒錯，因為你會更了解自己，也累積了更多生命的智慧。確實如此。

我已經四十一歲了，我從來沒有比此時此刻更加滿足，對自己的生活更有

我的二十幾歲很不好過。我脆弱又容易動搖。
我還沒有準備好也還沒定形，
背負著很多包袱以及對自己應該如何的期待。
——演員、劇作家暨作家梅拉．莎爾 Meera Syal

My twenties were hard. I was jelly. I was unfinished and unmoulded, and carrying a lot of baggage and expectation about how I should behave.

掌控感。二十幾歲那個階段的我什麼都還沒有就定位，不過三十幾歲的我漸入佳境，出版了幾本書，也開了線上頻道。雖然現在的我可以說得雲淡風輕，但回首過去，我個人的進展經常跟同儕不同步，當他們忙著結婚生子的時候，我已經準備離婚，而且做試管嬰兒也沒成功。我們可能在不同的階段都經歷過不同的迷惘。年歲增長確實會為我們帶來更深的自覺，以及更多可以從中擷取教訓的經驗，幫助我們建立面對種種不確定時所需要的韌性。

正因如此，我對自己在不惑之年會過得比一路走來的這些年更好抱持很大的信心。這就是梅拉·莎爾告訴我的：「每個人成熟的時間都不一樣。」我採訪她時，她已經五十八歲，她說自己的每個十年期都有不同的風味。我問她，那現在是什麼風味？

「梅子汁的味道，」她想都沒想立刻回答。「我成熟了，也準備好可以離枝。」

很多像我們這樣能夠坦然回頭去看二十幾歲生命的人，都和梅拉·莎爾有同樣的感觸。我們可能不是梅子汁（我個人覺得我比較像有點還沒熟透的芒

我真的很想要再回到二十幾歲的肌膚與外貌，
但我寧願選擇現在的心智與勇氣。
——劇作家菲比・沃勒・布里奇 Phoebe Waller-Bridge

I'd really like to have the skin from my twenties, but I prefer my heart and guts now.

果），但是我們可以感謝青春歲月教會我們的事，同時也慶幸它終於結束了。

因此，假如你覺得在二十幾歲的人生階段迷失了自己，沒有做你應該做的事，或者你看著別人好像都過得比較成功、比較好，步伐也走得比你快、比你穩，其實你並不孤單。我們大多數人都有這種感覺。不過我向你保證，只要你能夠撐過這個時期，你會學到各種關於自己與人生的可貴經驗和教訓。梅子汁在未來等著你。

法則四、分手不是悲劇或世界末日

讓一切發生吧，不論美麗與驚懼。你只管前行，感受是無止無盡的。

——詩人里爾克 Rainer Maria Rilke

分手是一件很嚇人的事。對此我有深刻體悟，因為我本人就身經百戰。我有過六次糟糕的分手經驗，包括一次離婚，每次真的都讓我脫了一層皮。雖然經驗讓我越來越明白當一段關係結束時會有什麼感覺以及該怎麼應付，不過讓自己變得更好更完整所必須承受的憤怒、心痛、精神折磨的戲碼還是每次都免不了。

隨著分手而來的症狀是質疑每件事。我懷疑自己的判斷能力，想當初怎麼會愛上一個終究會讓我失望的人。我也懷疑自己不夠好，無法讓對方只愛我一個人，或者沒辦法讓一段快要熄滅的愛情死灰復燃。我質疑這個社會告訴我的愛情真理，什麼公主王子從此過著幸福快樂的日子根本都是騙人的。我再也不相信那些浪漫愛情喜劇，我鄙視街上看到的每一對手牽著手擋住別人去路的戀人們。我懷疑自己還找不找得到我想要去愛也願意去愛的人。我實在很不滿為什麼所有流行歌都是該死的情歌。我擔心自己會不會永遠孤孤單單一個人，會不會被每天為了維持健康美麗而吞的維他命藥丸給噎死，而且屍體過了好幾週都沒人發現。

但是每一次分手之後，我都活了下來。而且每一次事過境遷，回頭看我都很慶幸我本來希望可以挽回的那段關係真的結束了。就像暢銷作家莫．加多告訴我的：「是否曾有哪一段破裂的關係會讓你在回想起時，忍不住對自己說，『哇，如果我現在還是和那個傢伙在一起，一定很棒！』大多數時候，大多數人的答案應該都是否定的。而且大多數時候，分手後六到八個月，我們會領悟的，『天啊，我之前怎麼能夠忍受這些……』

我是那種談場戀愛就像食物中毒一樣的人。
拜託，我可不可以不要再墜入愛河了。
——美食作家奈傑爾·斯萊特

I'm one of those people who equates falling in love with having food poisoning. Please, please, may I never fall in love again.

「事實是，我們生活在多采多姿的世界。如果那個人離開了，外面還有幾十億的人適合也願意享受與你在一起的快樂時光。」

重要的是，你必須謹記，雖然分手就像是經歷一場急性的悲傷症候群，但沒有人會真的因此死去。分手不是什麼天大的悲劇，儘管在那個當下你扭曲的認知會以為天崩地裂了。我並不是說這件事很容易。二十四歲那年，我曾經深愛過的前男友在我們分手後六個月過世了，那種深深的失落感是難以想像的巨大，差點把我給吞噬了。

哲學家艾倫．狄波頓曾經向我解釋過，我們可以用一種有意義的方式來看待生命中各種重要的關係（不論是愛情或柏拉圖式的關係）：每個人來到你的生命中都是有原因的。他們跟你交流互動的目的是要教會你必須知道的一些事。一旦這個任務達成了，有時候這個人會繼續往前走；有時候則是你決定是時候結束這一個篇章，往下一站邁進。

「我認為一個人應該要能夠說，『我和某個人共度了一個美妙的夏日，真的

失去是真實的，但它可以是正確的選擇。

——作家塔拉・韋斯特弗 Tara Westover

The loss can be real, but it can still be the right choice.

很棒。我們共享的時光精彩無比。』」艾倫·狄波頓如此說道。「『雖然無法持續十年，但那真的是一個很美好的夏天。』可惜我們經常執著於某種狀態。我們想要永遠擁有它們。其實我們更應該學會的是欣賞過程，而不是緊緊抓著它們不放。」

一段關係不會只因為結束就代表失敗了。有時候正因為它結束了，所以它是成功的，你得到了往前進所需要的知識，儘管這樣的知識往往是後見之明。同樣的，父母養育子女，當子女長大離家後並不代表這段關係是失敗的。相反的，假如做父母的是心理平衡、理性、思慮成熟的個人，他們會認為孩子離家獨立發展是成功教養的必然結果。維持長期關係的祕訣是，彼此都能夠持續在這段關係中成長，給彼此進步的空間，而不是瞎耗時間尋找符合你各種完美條件的靈魂伴侶。

其他人有權利可以拒絕你。
那不表示你不夠好，只是不夠適合。
——慧敏大師Haemin Sunim

The other person has every right to reject you. It doesn't mean you are not good enough. It's just that it wasn't a good fit.

同樣的邏輯也可以適用於友誼。當一個朋友出現或消失在你的生命中，他的存在可能是為了某個特別的階段或目的。他可能帶給你那段時期你所需要的慰藉，就如同他可能透過與你的關係經歷了自己的情感轉變。兩個複雜的個體在一段時間內交會，各自帶著自己的脆弱與不安，勇敢地踏進情感與真實利益交織的關係中，在那段期間你們對彼此具有無可取代的功能。然而，當這樣的關係結束了沒有關係，就算對方離開了也不會有什麼問題，只要你們都能夠從中獲得成長。

演員安德魯．史考特在談及「隨意的性」（casual sex）這個他不喜歡的用詞時，提到了上述這樣的想法。他覺得這個詞帶有羞辱、短暫、沒有任何意義的意涵，實則不必然如此。

「一個才認識兩星期、一星期，甚至三個小時的人，有可能會為你帶來一輩子的重大影響。」他解釋說，「你可以說，『天啊，我學到了很多。』而我認為就算是隨意的性，同樣可能碰到這種情況，有時候那正是你需要的。對我來

回頭看，我心想：「我真是個笨蛋啊。」
但這樣很好，因為我從中學到教訓，不會重蹈覆轍。
——演員薇琪・麥克魯爾 Vicky McClure

I look back and I go, "What an idiot." But it's great because I've learned from it and I'll never do it again.

說，真正重要的是理解我自己的慾望，以及我是誰、我喜歡什麼、我想要什麼。不過很多時候那是一種社會禁忌。你必須從錯誤中學習，你必須能夠找到真正的自己。」

要點在於：分手可以讓我們快速看清楚自己，因為當一段關係失敗了，我們必須知道自己在這個局面中要扮演什麼角色。我們得決定自己要怎麼選擇，怎麼繼續走下去。

我只能夠就我個人的經驗來談。當我遇見現在我愛的這個男人時，我已經被幾次恐怖的分手過程和約會拒絕搞得滿身傷。我對於浪漫愛情最大的幻想已經徹底被打碎。我變得更實際，或許某種程度上我也變得更無法忍受，隨著年紀增長，我學會排遣各種罪惡感，就像是不會再為了丟掉一本沒讀完但不喜歡看的書而感到不安。我知道我想要從一段關係中得到什麼，我知道怎麼說出自己的想法，而非期待別人可以神奇地理解我的心意。簡言之，我從「愛」裡面學到了我必須明白的教訓。

現在我可以說，我能夠走到這一步都是因為過去經歷過的種種失敗。確實，每一次的分手都是值得的。

法則五、失敗是資料收集的過程

面臨危機時盡可能排除恐懼與放下自我，就可以如實地看待失敗：失敗無法定義我們，它只是我們缺少的一塊知識拼圖，可以讓我們更趨近完整的自己。

失敗學最重要也最基本的一個認知就是：我們必須擺脫對於失敗的負面觀感。失敗不是不好的事。它就是會發生。我們對它做出反應，而這個反應的本質決定了我們對它會有什麼感覺。

當我開始錄製個人頻道時，我發現一個很有趣的現象：對於失敗的看法也有性別差異。我在節目第一季時訪問的所有女性來賓都表示，她們失敗過無數次，很難只提出我要求的三次失敗經驗。而幾乎所有男性受訪者都說，他們不確定自己是否適合上節目，因為他們無法肯定自己真的失敗過。對此我感到非常驚訝：顯然有些人遭遇失敗時根本不會經歷自我的存在危機？為什麼？這是什麼魔法？

當我實際與他們對話時，我認為這些男士們並非自大或自我膨脹的人，只不過他們看待世界的方式不同。如果你有幸是個異性戀的中產階級白人男性，這個社會正是根據你的形象和需求而打造的。這表示假如你遭遇失敗，你更有可能把它視為通往必然會成功的道路上，一個絕對可以克服的阻礙。假如你是女性，或是被邊緣化的人，或者是有色人種，面對同樣的失敗，會更加傾向於認為那是對自己的一種全面抹煞。這個世界對於立足點沒有那麼穩的人來說，本來就更不友善。

隨著頻道節目繼續錄製下去，這樣的比例關係有了轉變。現在有越來越多男士們更願意接受與理解自己的失敗，也更願意說出自己的脆弱。同樣的，有越來越多女性朋友相信自己有權跟別人一樣要求更多的發展空間。然而我忍不住心想，假如下一次當我們又遭遇失敗時，何不換個角度想像那些我們認識最

面對失敗，假如你能夠誠實以對，
找出自己失敗的地方以及為什麼會失敗，
那麼每一次失敗都會讓你更茁壯一些。

——社會運動人士吉娜．米勒Gina Miller

Through failure, if you're honest and you see where you've failed, how you've failed, then every time you get a bit stronger.

有自信且看起來掌控一切的人會怎麼回應？我保證他們會把失敗視若無物，就像把積雪從引擎蓋上揮開一樣。儘管我不一定贊同他們做事的方法，卻也不禁懷疑我們之中最沒安全感、最自我懷疑又多愁善感的人，能不能有前者百分之五的自信？假如我們從現在開始，不要把失敗視為會把我們往下拉的東西，而是能夠讓我們向上提升的助力，可以帶來有助我們採取下一步行動的必要資訊，結果會如何？

換個比喻：科學家在為某種可怕的疾病尋找解藥時，他們會嘗試很多不一樣的可能與做法，直到找到正確的解答。假如一場實驗失敗了，科學家們不會立刻就放棄；相反的，這場失敗的實驗可以告訴他們很多有用的訊息。他們可以排除無效的方式，朝成功更邁進一步。

同樣的心態可以適用於很多生活領域。以約會為例，假如你和第一次約會的對象出去，而對方看來對再見面興趣缺缺，與其將此視為一種拒絕與否定，何不把它當作一個資料收集的過程，讓你更清楚自己想要什麼、找到最適合自

願意去嘗試行不通的事是一種自在與自由。

——暢銷作家麥爾坎·葛拉威爾

There's something very freeing about being willing to try something that doesn't work.

己的對象？假如曖昧對象總是對你已讀不回，相較於鑽牛角尖或自怨自艾，何不想說：「顯然你不是我的真命天子。謝謝你把自己從我的名單上排除，讓我可以繼續尋找對的那個人。」（這是個人經驗談，因為這麼做，我找到了可以依靠的另一半。）

把行不通的東西清除掉，是為了讓通往成功的道路更順暢。在某些脈絡下，失敗不是你要避免的東西，反而是你要積極去嘗試的過程。

訪問知名頻道「充滿罪惡感的女權主義者」（The Guilty Feminist）的播主黛博拉·弗朗西斯·懷特（Deborah Frances-White）時，她跟我分享了她早期從事喜劇表演的經驗。她說起「即興表演」時，我本來有點擔心會是一段關於穿著緊身衣和巴黎表演藝術學校的冗長故事。但是她說得切合主題。她說站在舞台上，在一群演員夥伴面前做即興表演，實在令人緊張害怕，而影響表演的兩大敵人是：恐懼和自我。為了反制兩者，她的老師在每堂課開始前都會要求所有參與者大喊：「我們很遜，我們喜歡失敗！」這麼做的目的是為了把失敗

當你開始參與真實的試鏡，第一年都是為了收集資料。
不要抱著想要找到工作的心態去試鏡，
而是去發掘怎麼做可以讓自己在試鏡時表現得最好。
——喜劇演員暨劇作家黛博拉·懷特 Deborah Frances-White

When you're auditioning, your first year of auditioning out in the real world, you're collecting data. Don't ever go on an audition to get the job, go on the audition to find out how you best do auditions.

這件事正常化，解除恐懼，驅逐自我。假如你抱持著自己會表現得不好的預期投入某件事，也預期別人都一樣糟糕，你的驕傲自尊就比較不會受到打擊。身處在一個沒有太高期待的團體中，顯然也就不需要感到羞愧了。

黛博拉記得當時他們有個練習叫做「看夠了」（Seen Enough）。方法是一個人站上舞台開始進行即興表演，其他成員就坐在台下觀看。如果有誰看了覺得無聊，可以隨時起身走出表演教室。台上的演出者要繼續表演，直到教室裡空無一人。

「乍聽之下很嚇人，」黛博拉說。「確實，感覺就是『天啊，簡直像噩夢一樣！』但正因如此，它是一件很棒的事……因為在表演的每一刻你都可以知道什麼樣的表演不吸引人……我記得自己一邊表演、一邊想：『我知道了，這個可以留住觀眾！』這是一個過程。那不是關於我個人的天賦，而是告訴我什麼樣的表演會讓觀眾喜歡。」

就像前面假想的科學家，這樣的練習讓黛博拉在尋找什麼才是自己想要也

人生無法總是一帆風順，尤其如果你想要出人頭地。
你必須準備好面對難免的失敗。
——英國前足球女將埃尼奧拉·阿魯科 Eniola Aluko

It's not going to be plain sailing all the time, especially if you want to be somebody great. You have to be prepared to fail sometimes.

對自己有用的過程中，可以客觀地看待自己。失敗對她而言，只是一種資料收集的工具。

幾年之後，當黛博拉開始在倫敦的皇家戲劇藝術學院（Royal Academy of Dramatic Art）授課時，她把同樣的方法帶入試鏡表演的課程中。

「我總是告訴學生：『當你開始參與真實的試鏡，第一年都是為了收集資料。不要抱著想要找到工作的心態去試鏡，而是去發掘怎麼做可以讓自己在試鏡時表現得最好。如果你充滿自信走進去，別人會怎麼回應你？如果你看起來有點不安呢？如果你準備得萬無一失呢？或者如果你讓自己看起來很放鬆？要是你一開始不太說話，給人不好相處的感覺呢？』

「每一次你都要把這些記錄下來，因為畢業後第一年你要做的是，讓自己在試鏡時越來越得心應手，找出什麼樣的模式對你最有用。」

藉由教導學生試鏡的目的是為了收集資料，更勝於得到一個角色，黛博拉幫助學生們排除恐懼和自我設限。由此帶來的連鎖反應是，很多學生最終都在沒有壓力的表現下爭取到演出機會。

假如在我們面臨危機時可以盡可能排除恐懼與放下自我，我們就可以如實地看待失敗：失敗無法定義我們，它只是我們缺少的一塊知識拼圖，可以讓我們更趨近完整的自己。

法則六、沒有「未來的你」這回事

做計畫很好，但有時候就算是C計畫、D計畫或E計畫也無法應付難以預期的狀況。所以對各種機會抱持開放的心態並隨時滾動調整，是很重要的事。

——演員、劇作家暨知名作家梅拉．莎爾

過去我是一個很愛做計畫的人，總是會為自己立下五年計畫。我的計畫充滿各式各樣的細節和美好願景。我會設定好自己要住在哪裡、過什麼樣的生活、追求什麼樣的工作、和什麼樣的人約會，甚至每天早上出門上班前要喝哪個牌子的咖啡都安排好了。

唯一的問題是：計畫從來沒有成功過。

我喜歡想像未來的自己會是什麼模樣，但這樣的想像從未成真。每當來到五年計畫的終了，我從來沒有成為我以為我會成為的那種人。我可能會生活在不同的地方。我可能和不適合的人交往。我也已經戒了咖啡。

後來我慢慢領悟到，相較於想要以計畫讓自己更安心、找到更清楚的策略目標，事實上這些計畫往往讓我覺得自己很失敗，無法過得像預期中那樣美好。我把標準訂得太高了，在預計的時間內沒有達成當然免不了會覺得失望。如同前面提到過的，過度期待是快樂的殺手。如果我們對自己抱持太多期待，注定要不斷感到失望與挫折。

這也是我不喜歡所謂「新年新希望」的原因之一。我們的社會文化總是標榜著不可能達成的完美。我們不斷用謊言包裝自己的貪念，告訴自己所謂的野心和抱負就是要去追求還沒有得到的各種東西，不論是新車、新衣服、新房子、新的自我。然而，事實上，我們可以用不同的方式激勵自己，尋找真實的自我滿足。學習與自己的不完美和平共處（甚至珍惜自己的不完美）也可以帶來快樂。不完美的地方不一定總是要被剷除。我們不需要買什麼東西來讓自己看起來更完美。

我們時時刻刻都在改變與成長。

——心理治療師暨作家菲莉帕·派瑞Philippa Perry

We change and we grow all the time.

「我們必須不斷追求完美的自己」這個謊言已經深入人心。它鼓勵我們每到歲末年終都要給自己打分數。每年的最後一天，在感恩的時節，我們花了很多力氣在期許未來的十二個月，而且當然是想要變得更好。我們想像自己來年可以奮發向上、有所轉變、更加燦爛耀眼。商店裡頭販賣各式各樣自我成長的指引，每一種都保證以全新的方式打造出全新的你。報紙的週末特刊也提供各種革命性的排毒計畫，保證讓你的皮膚看起來更年輕、頭髮看起來更閃亮，你會體驗到前所未有的活力。聖誕大餐已經被排毒果汁和芹菜棒取代，每個人好像都開始慢跑健身。

在這樣的氛圍下，我們心中自我厭惡的野獸也會衝破柵欄。所以我們決定許下新年新氣象的願望。這是一個很棒的概念，只不過在對自己充滿羞愧與批判的情況下，唯一值得許下的願望似乎都是過度激情。於是我們決定新的一年裡一定要跑一趟馬拉松，即使我們可能不是很喜歡跑步，而且上次喝太多跌倒的腳踝舊傷也還沒痊癒。我們決定吃素，即便我們原本無肉不歡。我們設定目標要學習新的語言或新的樂器或繪畫寫生，因為我們突然發現自己已經沒有多少時間可以浪費了。此外，當午夜鐘響，新的一年就開始了。只要這麼做，我們就會成為更好的人，腦袋也會更清楚透澈，做出更多值得歷史留名的事蹟。

總之，理論上是如此。

當然，結局從來未能如人所願。幾個星期過後，新的慢跑鞋擺在門旁無人聞問，好像在嘲笑我們才跑了幾次就腳抽筋。義大利文課也沒去上幾次，因為我們根本沒時間去記那些必要的單字。素食餐其實也比我們想像的貴。凡此種種，我們打從心底認為自己失敗了，因為原本的計畫難以付諸實行。為了要達成完美的幻想，我們忽略自己的限制，想要一步登天。

要是我們調整自己的期待呢？相較於跑馬拉松，我們可以在想要的時候去慢跑一會兒；相較於幻想一個不存在的未來的你，何不專注於眼前的自己。

以上這些是作家克莉絲汀・魯潘妮安（Kristen Roupenian）在節目訪問中告訴我的。當時我們剛談到二十多歲的階段很難熬，我問她三十歲的人生有何感想。

「感覺還不賴，」她回答，「好笑的是，我以前很怕邁入三十歲。就某種程度來說，正是因為如此才讓我二十幾歲的時光不太好過。我對自己的人生有不同階段的想像和設定。我想很多人都會這麼做，那就像是一種老生常談了，我們會說：『我幾歲時要怎樣怎樣，如果沒有做到的話，我想我整個人生應該都會一片黯淡吧。』

「結果等我真的三十歲，那些原本設定的目標都被放飛了，誰在乎呢！」

魯潘妮安原本對未來有個具體的想像：三十二歲時要生小孩，有一段幸福的婚姻，住在自己的房子裡。然而，等她真的到了三十二歲，她發現自己「不只沒有小孩，而且根本不想要小孩。我想像中三十二歲的自己，要有老公、小孩、房子才會過得幸福快樂。我很認真也很努力讓自己朝想像中的未來前進，因為我認為如果我沒有做到，我一定會討厭我自己。每當一段關係結束或什麼事情進展不順時，我心裡就會想，『天啊，等妳三十二歲時回頭看，妳會忍不住嘲笑：『二十四歲的克莉絲汀啊，妳真笨，為什麼要放棄那份工作呢？』我想像未來的我會帶著鄙視的眼神，朝現在的我搖頭嘆息。

「然後我三十二歲了，我還是一個人，而且我不想要我過去想像現在的我會想要的那些東西。我想要的是我真的想要的，而我也做到了。實在太神奇了！那個故事就這樣慢慢消失。我總算明白，我以為我想要很多東西，但其實我根本不想要那些東西，我只是不斷編織故事告訴自己怎麼做會讓未來的我更快樂，以至於我都忘了現在的我真的想要什麼，以及我實際上可以擁有什麼。」

我告訴魯潘妮安，這是我聽過對我自己的心境轉折最貼切的描述。此外，有趣的是，原本她想像中三十二歲的自己會有小孩和老公，結果三十二歲的她其實交了個女朋友，從事自己從來都沒有想過的工作。我問她是否還會想像未來的自己，她說會，只不過是以不同的方式。

「我用不同以往的方式想像自己在未來的模樣。我也不知道怎麼會有這樣的轉變。我創造出另一個人，想說去試試看。我不一定知道我明年會想要什麼，但我覺得『我知道我現在想要什麼，或許可以據此推測下一步』。我可以做出合理的猜測，看起來沒什麼問題。這跟以前那種想像是不一樣的。」

魯潘妮安對於這種心理狀態的描述最能引起我共鳴之處，是她過去想像的「未來的自己」其實和她「真正的自己」沒有什麼關聯。那只是社會告訴她應該要達成的目標，並不符合她真實自我的需求。對我而言，這就是最重要的不同。我並不是說你絕對不要思考未來，而是你對於未來的想像應該務實地根植於現在。舉例來說，存退休金是合情合理的規畫，因為你可以從現在就開始採取行動以便達成這個目標。但是如果你把目標訂在六十五歲時要成為千萬富翁，為了這個目標你讓自己陷入無盡的焦慮，因為現在的你根本怎麼做也無法達成它，那麼這就是個無意義的行動。我承認存退休金這個願景沒那麼夢幻，然而比較實際可行。

用這樣的態度過生活，好處在於你有餘裕隨著自己內心升起的熱情和本能行事，不會被局限在什麼時候要達成什麼目標的時間軌道上。如果我只是按部

事情會以你現在想像不到的方式被解決的。

——電台主持米莎·胡珊Mishal Husain

Things can work out in ways you can't imagine at the time.

就班遵守過去訂的五年計畫，寫小說、結婚（不能離婚）、買房子、養小孩，那麼我根本就不可能開設頻道、寫這本書，學到所有這些關於失敗的有趣內容。

離婚、沒辦法生育也沒有足夠的存款買房子，儘管聽起來很失敗，但這些事實也讓我可以去做我在那個階段想要做的事，好比說逃到洛杉磯，在短租公寓裡住了三個月。雖然當時充滿不安和不確定感，卻也讓我得到解脫。生活是流動而非固定的。最終這些決定都讓我的生命往更好的方向前進。在洛杉磯那三個月的生活帶給我很多啟發：我領悟到，改變從來不嫌晚。

如同克莉絲汀·魯潘妮安，我相信沒有所謂「未來的你」。只有現在的我，我必須專注於這個我。這不表示計畫未來是沒有意義的事，但除非此刻的你可以積極為未來的目標採取實際行動，否則根本沒有必要去擔心你無法掌控的事。等你遇見五年後的自己，你就知道該怎麼做了。所謂未來的各種可能性就在於，它根本還沒發生。

下一刻就是這一刻，你所在的此時此刻。
宇宙會繼續沿著它的軌道前進。
——演員庫什・珍寶Cush Jumbo

What's next is what's happening right now, where you are in this moment. Your universe will just keep moving the way it moves.

法則七、接受自己的脆弱才能變得堅強

有足夠的勇氣分享自己的創傷是一種慈悲之舉，可以讓別人知道他們並不孤單。這麼做等於重新看待失敗，我們將不再因失敗而孤立，而是串起更多連結。

關於失敗，我學到最珍貴的事情是：當我們選擇誠實面對自己的脆弱，就可以創造出與他人最有意義的連結，以及我們自身最強大的力量。失敗與承認失敗的勇氣兩者結合起來，能夠滋養心理的韌性。心理的力量就跟身體的力量一樣，你越常鍛鍊它，它就會越強大。當然，這麼做並非容易的事，經常也不是你想要去做的事。然而，面對失敗、處理失敗，以真誠與開放的態度從失敗中學習，是過著更真實的生活的關鍵。

這是一種沒有偽裝的生活，你不用記得你說過什麼關於自己的謊言，害怕

被別人抓包。你不用強裝鎮定，也不用假裝自己更時髦或是比你了解的自己更專業與成功。你可以誠實地做自己，你尊重也愛惜自己的不完美。人皆生而不完美。因為不完美，所以我們需要互相依賴與協力。

一旦你承認自己的弱點，把它們說出來，它們（像是成人版的「躲在床底下的妖怪」）就不再是你害怕和想要逃避的事。布芮尼·布朗（Brené Brown）教授花了好幾年的時間研究羞恥感的起源與脆弱的力量，她曾經說過：「羞恥感是致命的。」

「你越少談論它，越是無法擺脫它，」在二〇一三年與知名節目主持人歐普拉的訪談中，她如此解釋道。布芮尼表示，解藥就是把它說出來，和另一個人談談它是什麼感覺。

「當我覺得自己很孤獨的時候，就會產生羞恥感，」布芮尼繼續說道：「只要把這樣的感受說出口，羞恥感就難以為繼。它無法勝過同理心。」

失敗亦然。假如我們對於事情出了差錯感到很羞愧，或因為自己犯下的錯

承認失敗，是力量的展現。

——喜劇演員、劇作家暨暢銷書作者大衛・巴蒂爾David Baddiel

The ability to admit failures is always an expression of strength.

說出自己的脆弱沒關係。
這麼做除了可以減輕壓力，也可以讓你做自己更多一點。
——英國奧運金牌得主凱莉・霍姆斯Dame Kelly Holmes

It's OK to say that you're not OK. And by doing that, it alleviates that pressure and you can actually be you a little bit more.

誤而陷入自我否定，真正的解決之道就是把它說出來。你會驚訝地發現有多少人跟你有同樣的感受。

對我來說，答案顯然就是如此。當我敞開心胸談論自己的失敗時，不論是不孕、離婚、流產，我才明白不少我認識的人都有過相同的經歷，卻從來無法好好談論自己的感受。他們害怕或擔心會觸犯禁忌，而分享彼此的故事讓我們能夠從對方的經驗中得到安慰。這樣的過程也讓我的生活變得更有意義。現在不論面對任何失敗挫折，我都知道我可以把發生在自己身上的事說出來。但願這麼做可以幫助他人卸下羞恥感的包袱或孤獨的污名。

這是為什麼我喜歡採訪那些願意談論自己生命中黑暗時刻的人。有四位主角尤其讓我難忘。第一個人談到上癮的問題。第二位說到自己缺乏愛的童年。第三位面臨嚴重的焦慮問題。第四位呢？且聽我娓娓道來。

當《衛報》的記者暨作家約翰·克雷斯在二〇一九年四月前來接受我的頻道採訪時，他告訴我他曾經有十年的時間沉淪於海洛因毒癮。他記得有一天他太太跟他說：「你這是在謀殺你自己。你不能再這麼做了。」那一刻，他知道他必須戒掉毒癮。

「從那時候開始，事情出現轉機，因為我明白自己想要活下去，而非往死路裡走。」他在他位於倫敦南區的家中這麼告訴我。我們坐在起居室裡，四面都是書架，偶爾傳來一陣貓咪的叫聲。「在我最後半年的毒癮人生中，每週有一次或兩次我會用藥過量。我這麼做真的不是為了賭氣或逞強，甚至也不是愚蠢到極點。倒不如說我根本不在乎，我腦袋一片空白，完全放棄自己的人生。我的意思是，說來奇怪，這些都已經是將近三十年前的事了，但是每次談論它都會讓我更清楚理解自己。現在我可以感受到當時自己內心的悲傷。我還是會覺得難過。」

幾個月之後，當我訪問詩人萊姆·西舍時，他談到兒時經歷過的情感虐待。他母親在一九六六年從衣索比亞來到英國的一所基督教學院念書。後來她未婚懷孕。一九六七年兒子才出生就被送往寄養家庭，未經她同意就被收養

我越是誠實，越是表現出真實的自己，我就越不害怕。

——作家與廣播主持人菲恩・卡頓Fearne Cotton

The more honest I am, and the more I put out that is authentically me, the less fear I have.

了。社工將孩子改名諾門，交給一個位在蘭開夏郡的虔誠基督教家庭撫養，於是西舍就在藍領階級的白人家庭長大。他的養父母後來又生了三個孩子。衝突一觸即發。

讓他至今無法諒解的是，他十二歲時養父母把他送到兒童之家，還說他們不會再跟他有任何聯繫。接下來五年，他像是住在一座殘酷的監獄裡，導致他精神幾乎崩潰。在那段灰暗的歲月，他的詩像黑暗中的光線般開始成形。

「在很多方面我都覺得自己一文不值，因為別人就是這樣告訴我的，」西舍說道，「他們說我什麼也不是。如果我做錯事就會被懲罰，但就算我做對了也沒人讚許。所以，舉例而言，我在兒童之家最希望得到的就是一個擁抱，但是這個願望從來沒有成真。十二歲之後就沒有人抱過我或拍拍我給我一些安慰。可是如果我做了什麼錯事，警察就會出現；如果我逃跑了，他們也會叫警察來追我。我身在一個必須遵守各種規則的地方。如此一來，我這個人逐漸消失了。我必須遵守規則，但是規則沒完沒了。盡頭處沒有愛，也沒有擁抱。要一個孩子聽話守規矩，卻不給他任何溫暖，那簡直是一種情感的法西斯主義。」

在上述兩位的採訪內容上線之後，我收到無數來自聽眾的訊息和郵件，他們告訴我，克雷斯和西舍的真情告白讓他們覺得自己沒有那麼孤單。他們很多人也面臨類似的問題，儘管他們從未見過克雷斯和西舍，可是知道有人曾經跟自己一樣難過，就讓他們感到安慰與一絲希望。

我唯一一次在超市被陌生人攔下來，告訴我說我的頻道對他有多大幫助，是在我採訪了廣播主持人暨實境秀參與者卡蜜拉・索洛（Camilla Thurlow）之後。我在社交媒體上追蹤卡蜜拉已經好一陣子，二〇一七年也看過有她參與的《戀愛島》（*Love Island*）節目。對於她在節目裡的表現我印象深刻，她的冷靜自持主要來自過去的生活經驗，她曾是爆裂物處理專家，我很欣賞她在網路上給人的印象。所以我私訊她，問她是否願意上我的頻道接受專訪。承蒙她同意，透過電子郵件寫了三個文情並茂的失敗經驗給我，每個經驗都有長達好幾頁的說明。

二〇一九年的夏天，美麗優雅的她光臨我位在北倫敦的公寓，還帶了一瓶香檳送我（真是可愛），也為她自己準備了一大瓶看起來都快比她還重的能量飲。她解釋說自己剛從食物中毒復原，需要補充一些咖啡因。

錄音開始，她說她的一個失敗是「有負成為卡蜜拉·索洛這個人」——人們在電視中看到的那個她，而非她真正是誰；真實的她經常受焦慮所苦，也常常會感到自我懷疑。

「出了兩個狀況，其中一個有點嚴重，」她邊說邊吸了一口能量飲。「假如我去參加活動或做任何事情……事前我總是會很焦慮，我覺得自己做不到，不論是公開的活動或私人的活動。我真的很擔心。如果當時我正好處在不好的狀態，這樣的焦慮會讓我幾乎無法動彈。儘管我學會一些迴避的技巧，但是我整個人會看起來很恐慌。我會變得有點……不是更好辯，但是更容易過度反應。在公開活動中，有些人會走過來給我下些指導棋或評論一番，或者對我的關係和事情說三道四之類的，我會變得很敏感，做出的反應也糟透了。

「這種不安的感受如影隨形。我的腦袋開始無法忍受，但我被困住了，陷入負面的循環，我發現……實在很難說出來：當生活變得像那樣令人難以忍受時，你的想法也會開始改變，而其他選擇也沒有比較不可怕。你看待事情的方式也會改變。對你身邊的人來說同樣不容易，這又是另一回事了——如果你是一個想要取悅別人的人，很快你會讓身邊的人感到失望，你覺得自己好像掉入死胡同，一個不停打轉的惡性循環。」

我問她「其他可怕的選擇」是指什麼。

「我的意思是……沒有變得……我不知道該怎麼說……你會開始想，如果不要活著會怎麼樣。就算只是突然有了這樣的念頭，或者那變成一種不好的思考模式，你明白……並不是說你不會擔心或害怕這樣的想法，只是你不知道要怎麼擺脫這些感受……你看不到出路。沒有任何一點光，因為你不認為在隧道的盡頭會有光明。」

這段訪談上線之後，很快成為我的頻道有史以來下載收聽率最高的一集。

卡蜜拉．索洛對於焦慮的描述似乎引起了難以把自己的感受化為言語的年輕世代男女的共鳴。有位聽眾寫信給我，表示她把這一集的內容分享給家族成員，如此一來每當她不知道該怎麼跟他們說才好時，他們就能理解她腦袋裡在想些什麼。

接下來，在超市擺放起司的走道上，一位叫做艾莉絲的女士輕拍我的肩膀，她說她知道我是誰。她任職於音樂產業，他們有一條職場潛規則是，如果看到哪個名人走進辦公室，千萬要保持不動聲色。但是她告訴自己，如果哪天有機會遇到我，一定要跟我打聲招呼。我聽了有點受寵若驚，覺得自己像Lady Gaga。

艾莉絲告訴我，卡蜜拉．索洛真誠又生動的分享深深觸動了她。我們兩個人互相擁抱。我告訴她這對我意義非凡，以及如果我把這段相遇告訴卡蜜拉，她一定也會很感動。接著艾莉絲指引我走到冷凍肉品的櫃位，對此我深表謝意，畢竟那是一家很大又動線複雜的超市。

最個人的，也是最普遍的。

——詩人察理・寇斯Charly Cox

The most personal is the most universal.

喬尼・班傑明（Jonny Benjamin）是我二〇一九年一月的採訪來賓，他最能夠證明脆弱的力量有多強大。我跟他在早先的一場論壇上認識，他的誠懇和大方令我印象深刻，我當時就想一定要邀請他來上我的頻道。班傑明這一輩子到目前為止都深受心理問題所苦。他二十歲時被診斷出患有分裂情感性障礙（schizoaffective disorder），之後不久他跑到滑鐵盧大橋上想要往下跳。他沮喪失志到相信唯有結束自己的生命才能終結這樣的痛苦。

「當我得知診斷結果……感覺有點像是世界末日。」他在錄音時這麼說。「我心想，有什麼用呢？沒希望了，一切都沒望了。我待的醫院也讓我感到絕望，我周圍的人看起來都沒有變好的跡象。我在那裡也變得越來越糟糕。所以住院一個月之後，有天我心裡突然出現一個念頭。我記得我想到……我不能再待在這裡，太可怕了。我心想，『我真的不能再這樣下去了。要逃離這一切只有一個方法，就是結束我自己的生命。我找不到出路，找不到其他辦法可以遠離這場夢魘。』我以為我的餘生都要在醫院裡度過了，我身心都生病，還成為家人的負擔。所以我決定要自殺。聽起來很嚇人，可是我有一種解脫的感覺。除非你真的經歷過，否則你不會了解的。當時我既絕望又痛苦，總算找到一個出口。於是我從醫院逃跑。我想辦法離開那裡。我告所他們我要去抽根菸，他們讓我走出去，然後我死命地奔跑，最後跑到橋上。」

採訪進行到這個階段，我和班傑明都淚流滿面。我當記者時學到的經驗是，我們必須保持客觀，盡可能不要將個人情感摻入採訪事件。那是別人的故事，我們只是為其發聲的管道。

可是後來我逐漸明白，這樣的規則只適用於一些特定的情況。我很榮幸有機會藉由錄製podcast頻道接觸到許多人，進行有意義的交流，而且這樣的情感連結是非常個人的。否認這一點，就等於否認我所擁有的人性，也否認了他們的故事所傳達的力量，以及展現同情與同理的必要性。

班傑明深吸一口氣，繼續說下去。接下來的場景是，有個路過的陌生人注意到他不太對勁，停下來和他說話。這個發自同情的舉動救了他一命。他從橋

你對失敗的承受度越高，
你就有越多機會可以拯救別人。
這是一種無與倫比的慷慨大度。
——哲學家艾倫・狄波頓Alain de Botton

The more you can be vulnerable around failure, the more time you're going to save other people. It's an act of singular generosity.

邊往後退了一步。

六年之後，班傑明發起網路尋人活動，想要找到那位救命恩人。世界各地超過三億一千九百萬人都加入搜尋，直到一個電視節目的報導，總算讓班傑明找到他的好撒馬利亞人尼爾·萊伯恩（Neil Laybourn）。現在他們一起進行巡迴演講，談論學校與職場的心理健康問題。二〇一六年，班傑明因其貢獻獲頒大英帝國員佐勳章（MBE）。

班傑明與我分享這個故事之後，我收到許多聽眾來訊說他們深受感動，想要告訴我這對他們的意義有多重大。他們想要讓班傑明知道他的經驗有多麼激勵人心，以及就算他們的悲傷無以復加，但是透過班傑明的分享，他們明白只要再多撐一會兒，事情或許就會有所轉機。一個路過的陌生人對他伸出援手。他感受到溫情。這樣的人性連結讓他看到生命還是值得活下去。就這樣一個同情的舉動，一種同袍情誼的展現，救了他的一命。

我們確實可以說，把自己脆弱的一面表現出來，是一種力量的展現。有足

對自己有信心是最重要的行動。

——小說家潔西・波頓 Jessie Burton

Having faith in yourself is just a hugely radical act.

夠的勇氣分享自己的創傷是一種慈悲之舉，可以讓別人知道他們並不孤單。這麼做等於重新看待失敗，我們將不再因失敗而孤立，而是串起更多連結。這是一件多麼美好的事。

假如此刻你像當初的班傑明一樣陷入絕望的深淵，我請你堅持下去。

再多堅持一會兒。

你永遠不會知道接下來會發生什麼事。

失敗可能不是你以為的那樣。

一套新的人生哲學

我們可以相信事情會往最好的方向前進，

同時也接受我們對這個世界的理解並不完美的事實。

這七個面對失敗的法則究竟管不管用？要我回答嗎？當然有用！因為我並不是在講述什麼理論。這些法則是我親身領悟和實踐的。接下來的這個故事，更讓我確信它們真的管用。

在我有了寫這本書的念頭後不久，我發現自己懷孕了。不可思議，又出乎意料。

三十幾歲的時候，我一直努力要生育可是都沒有成功。有一年特別悲慘，我做了兩次試管，兩次都走到植入胚胎的階段，卻無法成功著床。幾個月過後我自然懷孕，卻又在十二週時流產。到了那年的年底，技術上來說我在一年內懷孕了三次。醫生說是荷爾蒙的關係才不孕，但其實我已經對自己的身體麻木，情緒上經歷了一段像是慢性悲傷的過程。

我在十月的時候流產，十一月我滿三十六歲。那年聖誕節，我不得不面對婚姻已經走不下去的結局。我們在聖誕夜大吵了一架。

「最寂寞的感覺就是兩個人明明在一起卻感到寂寞。」這是當時聽我訴苦的一位朋友告訴我的話。他說得沒錯。

我試著改善狀況，讓自己覺得不那麼孤單，尋找兩人之間更多的連結，彷彿靠我個人的力量就可以彌補裂痕。可是慢慢地我領悟到兩個人的關係無法單靠一個人的努力，必須兩個人都願意去改變。這就是重點所在。婚姻是一場對話，而非一齣獨腳戲，更何況唯一的一位觀眾還心不甘情不願。

隔年二月，我離開我們一起建立的家。那是我做過最艱難的決定，也唯有這麼做我才不會完全失去自己。十八個月之後，我們辦妥離婚，沒有太多的爭執紛擾。一紙離婚判決書象徵我的身分已經完全不同。它也清楚顯示：我已經不是自己原本認為完美的女人應該有的那個形象了，取而代之是一片混亂但自由自在的真實人生。我花了很久的時間才不再試著去假裝自己是什麼樣的人，也不再把自己的想望縮到看不見的天邊只為了取悅其他所有人。離婚之後，我總算明白誰都不能住在一個由別人的評斷和認知所建構的牢籠裡。

就算是自己的期待也不可靠。我過去一直認為我會當個母親，但快邁入四十歲之際，想要擁有一個親生孩子的願望已經非常渺茫。三十九歲那年，我遇到現在的伴侶，他已經有三個孩子。我們談過要有自己的小孩，但兩個人都覺得隨緣就好。一切交由命運安排吧。我沒有抱持太大的期待。

當然，一、兩年過去了，確實什麼也沒發生。

但是就在我四十一歲生日過後兩週，意外之喜降臨。我的生理期遲來。這也不是什麼奇怪的事，可是我還是注意到不太對勁。當時我的工作正忙得焦頭爛額，還得經常出差，這中間我們甚至搬了家，老實說這種情況下實在不適合懷孕。所以我本來覺得單純就是因為壓力太大經期才會延遲了。

然後，有個週五夜晚我必須去應酬，我心想還是驗個孕以防萬一，因為勢必得喝酒交際一番。我沒有多想，先到藥局買驗孕棒，就是那種老式的驗孕方式，兩條紅線代表懷孕了。

我把驗孕棒放進包包裡，走到附近的咖啡館吃午餐。之後我走到樓下的廁所做了測試。洗手時我把驗孕棒放在窗台邊，上頭出現一條清楚的紅線。好吧，我心想，老樣子。我沒有懷孕。雖然有點失望，但不意外。此外，這表示我晚點可以喝杯紅酒。

但不一會兒，另一條比較淺的紅線出現了，好像有什麼東西從迷霧中探出頭來。一開始我沒有多想。不可能，應該只是濕氣造成的吧……這不代表什麼。第二條線的顏色越來越深，可是距離第一條線有點遠，可能只是……我不知道……殘留或什麼的。我拿起手機用Google搜尋：「驗孕棒上兩條線距離太遠代表什麼？」

網路上的答案都很一致：那代表妳懷孕了。

離開餐廳的路上我還是心存懷疑。所以我又買了另一個驗孕劑，而且是比較貴的電子試劑，號稱準確度達百分之九十九以上。我等到回家後才驗，當螢幕顯示懷孕時，我一邊哭又一邊笑。

之後我告訴我的伴侶，他也哭了出來。這件事來得意外卻又如此美好：雖然看似不可能發生，但宇宙決定讓它發生。感覺就像是注定要發生的。

第二次自然受孕，我內心深處是快樂的，不過表面上卻是充滿焦慮。每次我去上廁所時都會檢查看看有無出血狀況。每次肚子出現咕嚕咕嚕的聲音時，我都擔心是不是出了什麼問題。當胸部出現脹痛和感覺疲憊時，我內心一陣欣喜，可是當症狀很快消失，我又充滿不確定感。我上網查詢所有問題。為什麼我沒有性慾大增？鼻子乾乾的表示什麼？我可以做些什麼樣的瑜伽動作？為什麼我沒有晨間害喜的現象？一切都是我想像的嗎？諸如此類。

這樣的忐忑心情持續了六週半，期間我們去做了超音波掃描，遇到一個好像在趕時間又悶悶不樂的醫師。

「你的領帶很好看，」我說，想辦法要找些話題讓兩人覺得自在些。那只是一條一九五〇年代的老式領帶，上頭印著芥末黃與淺綠相間的幾何圖案。

他看起來有點尷尬。

「謝謝妳，只是一條普通的領帶。」

他沒再多說什麼。我躺回診療椅上，雙腿架在支架上，護士調整毛巾時我還往前滑了一下。醫師把超音波探頭伸進我的陰道，然後把螢幕轉向我讓我可以看到掃描的情況。螢幕上出現一個半圓形的陰影，接著是看起來霧霧的一小塊白色。我總算真的懷孕了。這一切不是我的幻想。我鬆了一口氣。

最初的跡象一切良好：有受孕，在子宮偏上方一點的地方，但還看不清楚胎囊的狀況。他移動探頭，我不舒服地縮了一下。

「發育不夠大，」醫師說，「我看不到胚胎。」

我聽了開始落淚，淚水滾落墊在椅子上的紙巾。我握緊另一半的手，他也以同樣力道緊緊握著我。離開後，我們在街道上難過相擁。

我們兩個人走進咖啡館喝點飲料，討論各種可能性。醫生看起來也不確定，警告我們流產的機率很高。但我真的懷孕了，不是嗎？或許我受孕的時間比他們推估的晚，所以胚胎才沒有他們認為的那麼大？或許一切都會沒事的。我心想，一定會沒事的。老天爺注定要讓我現在懷孕的。

我又上網搜尋。網路上充滿各種有關懷孕的論壇，這是優勢，卻同樣是它的致命傷：你可以找到各式各樣你想要看到的訊息。假如這個故事不符合你想要聽的，你可以關掉它，繼續搜尋直到你找到最符合你心意的答案。所以我對於同樣是在孕期第六週、有同樣的超音波結果，然後在接下來幾天就流產的案例視而不見。我只看那些原本也是說胎囊裡空空的，但在下一次超音波掃描時就出現健康胚胎的案例；而原因單純就是受孕時間計算錯誤。很多經歷這種情況的女性最後都寫道：「在分享這些感觸的當下，我五歲的女兒就坐在我身邊。」

我放心地躺上床。只是時間的問題。沒事的。

隔天我開始出血。那是十三號黑色星期五。

再一次，網路上那些論壇告訴我，這是陰道內超音波掃描後常見的情況。再一次，我對那些警告訊息視而不見。

我在懷孕即將滿七週之際流產，一開始出血量不大，但後來大到我再也不能忽略了。這和我第一次流產時的情況不同，當時我必須住院治療，疼痛和出血主要是來自臨床上所謂的胚胎停育流產手術。

這一次醫師建議我在家休息，讓血排出來。這麼做實在很殘忍。那些男性醫師告訴我，就像是經血量比較大的經期一樣。但實際情況要糟上許多，我忍不住懷疑他們這樣的比較基準是從何而來。

在英國，婦產科醫師大部分是男性，不論他們醫術多麼高明，總是不可能知道經血量很多是什麼感覺，更不用說流產的出血量有多嚇人。他們這麼說其實小看了女性所經歷的痛苦。它意味著有這種遭遇的女性不必過於大驚小怪，「早期」流產根本不用驚動醫院或浪費可貴的醫療資源。我們只能關起門來默默忍受，即便那表示痛到胃部抽搐、蜷曲身體躺在地板上，就像我的情況，還要在身體底下墊條毛巾，就怕弄髒了地毯。

這樣的出血情況持續了好幾天。我努力讓日子過得像平常一樣，但一面失去孩子卻還要一面與別人交際往來，實在很超現實。

我難過了好一段時間。很難過很難過，是那種無法轉移的痛苦，它就停在我的心靈地圖上，像是一道行進中的暴風雪，將天空籠罩上深深的陰霾。

我這麼想要一個自己的孩子卻無法如願，我的失敗並不是因為我判斷錯誤或我做錯了什麼，而是因為早已注定且無法預期或改變的生理問題。這是一種厄運般的失敗，也是對我提出來的法則的一個直接挑戰。這是一個我必須經歷且與之和平共處的失敗。那麼這七個法則真的有用嗎？

✝

劇透一下：它們確實管用。

它們對我的幫助主要在於讓我理解到，這個失敗是發生在我身上的一個事實，並不會吞噬我整個人生。我清楚明白，這個失敗並不等於我這個人失敗，所以我有種過去所沒有的冷靜和鎮定感。我知道只要給我時間，這樣的痛苦會過去的，或者我可以與之和平共存。

這不是空口白話。我知道這是我真正理解這些我告訴別人的法則是否有用的機會，我要把它們運用到自己的情況裡。這一關很重要。我會挑戰每一個法則，心裡有一半希望它們讓我失望，彷彿我不太願意相信我所提出來的這些法則是真的有用。

現在我知道，當時我心裡有兩個部分在爭奪主控權。在紅色這一邊，它要我相信我說的任何事都不可能是對的。這種感受源自所謂「冒名頂替症候群」（Impostor syndrome），是很多女性在社會制約下會產生的感受：我們應該對於這個世界讓我們有容身之處心懷感恩，我們最好就待在自己的位置上，不要對外面那些做大事的重要人士造成任何困擾。我心裡有種難以啟齒又覺得羞恥的強大恐懼感，我覺得那些法則根本不會成功，我花了這麼多時間只是在跟別人說一些連我自己也不相信的謊言。

但另一方面，在藍色的角落裡，我根據一套新的人生哲學（失敗學）度過這個逆境；不只是我自己的逆境，還有別人的逆境。這個失敗學要我掌控我自己的生活，做出不一樣的決定，傾聽內在的聲音，接受各種可能性，對自己的本能有信心，相信它們的指引。

最終藍派勝出。但我必須說，一開始我不是那麼確定，直到我真的運用了這些法則，現在我可以誠實地告訴你，它們確實管用。至少，它們對我是有效的，而且持續有效。

流產後幾週，當時我還陷在深沉的悲傷裡，憂懼的感受像一隻肚子餓的貓咪在我腳邊不斷蹭啊蹭，我傳語音訊息給我朋友克萊兒。我告訴她，我之所以難以接受發生的事，部分原因是我一直相信我會懷孕是天注定的，我也堅信事情會發生都是有原因的。就如同詩人麥克斯・埃爾曼（Max Ehrmann）在一九二七年所寫的詩《渴求的東西》（*Desiderata*）：「無論你知道與否，顯然宇宙都正如其是地綻放它的美麗。」（我在語音訊息中沒有唸這首詩，因為我沒有那麼詩情畫意。）

「我很掙扎，」我告訴克萊兒，「如果萬物皆有因，那我會流產的原因是什麼？我實在不知道為什麼。」

我全心全意相信我會懷孕，我的直覺告訴我如此——我的直覺跟我的理性思考是分開的，我這輩子一直想要讓它們協調一致。我以後要如何再相信自己的直覺？

克萊兒說了以下這段話：

「有時候我覺得事情會很順利，結果卻出了狀況，於是我產生懷疑，」她說，「但最終我的結論是，透過理解才能得到平靜。我們經常把平靜解釋為『順其自然』，但事實上，它表示你內在原本就是平靜的，不論發生什麼事，這樣的平靜不會被動搖。那不表示你不去想自己要什麼，而是你更了解自己。就是這個意思。我認為那表示你的生命走到一個階段，你可以做最真實的自己。這麼做不是否認痛苦，而是接受你是一個活生生、會行走、會呼吸的人，你勇敢又認真地活著。」

我把我們的對話逐字逐句記錄下來。這些就是克萊兒當時說過的話。她就像是一位心靈導師。

對我來說，這是我從這整個經驗中學到最重要的事：在失敗的同時，我們依然可以保持平靜。我們可以相信事情會往最好的方向前進，同時也接受我們對這個世界的理解並不完美的事實，不論發生什麼事，只要我們盡了全力，並且保持彈性，接受失敗，我們就會沒事的。事實上，不只沒事，我們會理解生命既非全然的好，亦非全然的不好，而是由無數不同的經驗拼貼組合而成。我們可以努力，也會得到收穫。而所有這些經驗都將教會我們各種值得學習的事。

失敗教會我們的成功之道

可能會被視為是失敗的事情，
我選擇把它們視為有趣或有用的事。

——暢銷作家麥爾坎·葛拉威爾

本書提出的七個面對失敗的法則，是我始於二〇一九年初的「失敗學」巡迴演講的一部分。這次巡迴演講共有十個場次，在英國各地的劇場舉行，包括都柏林。在每個城市的演說形式都差不多：開場由我走到舞台中央概述這些法則，接著我會介紹一位特別來賓，用與podcast頻道相同的方式進行採訪，由來賓分享三個失敗經驗，最後則是觀眾提問的時間。

一開始答應進行巡演時，我緊張得要命。我不確定有誰會願意買票進來觀看這樣的演說，我擔心都還沒確認觀眾會買帳就先敲好偌大的場地。我也很擔心沒有人要問問題會讓場面陷入尷尬，總而言之這整件事可能最終變成一場活生生的惡夢：我走上大舞台，緊張到忘了自己要說什麼，台下寥寥無幾的觀眾冷眼嘲笑著我。

這樣的恐懼從來沒有真的消失，即便門票逐漸售罄。最讓我覺得不可思議的是，隨著時間經過，在我們宣布特別來賓是誰之前（之所以沒有宣布經常是因為我們還沒找到人選）門票就被搶購一空。

「這是怎麼回事？」我問我們的巡演經理賽蓮娜。

「嗯，我想應該可以說他們買票是為了來看妳。」她以一貫從容自若的神情說道。

二〇二〇年二月，我們宣布在倫敦的國家劇院加開一場演說。門票在二十四小時內完售。這時候我突然感到恐慌起來。登上國家劇院，門票賣光光，這是我從來沒有想像過自己會做到的事。我甚至不能說這是夢想成真，因為這個夢想我根本想都沒想過，對我來說太遙不可及。作為一個小說作家，過去我舉辦過一些令人沮喪的實體活動，地點可能是在市區大樓裡的某個講堂，讀書會上稀稀落落的人潮還是來自同場地但不同場次的暢銷作家，然後活動結束後有幸的話我能夠賣出幾本書。

完銷國家劇院的門票聽起來很厲害，但太不真實了。不管我多努力都無法平息內在那個糾纏不清的聲音，它不斷質疑我：「妳以為妳是誰啊？得了吧，妳何德何能有這樣的成就？」

這不是我第一次出現「冒名頂替症候群」：內心深深覺得自己是個騙子，很快就會被看破手腳。但是這一次的情況最嚴重。我試著分析為什麼會這樣。而我得出的結論是，我會開啟這個podcast頻道的初衷，是想要做些什麼讓我們可以展現更多的脆弱，我有種奇怪的感覺，認為它的成功根本不能算是成功。我自然也從來沒有想過要怎麼策劃頻道的未來。如果我沒有計畫過這一步，如果我只是做自己想要做的事，我真的可以擁有這樣的成果嗎？我真的從來不曾預期它會成功，我當然也從來沒有想過它會完全改變我的人生。可是隨著頻道逐漸成長，我也跟著成長，我更能夠表達真實的自己，不論專業或個人的層面。

因為一件對我來說原本就是一種獎賞的事而獲得獎賞，讓我覺得自己太貪心。我認為我之所以會有這種感覺，在於我們從小被教導的關於成功的定義。

我們認為成功是一種外在的價值。我們相信成功來自於工作升遷、財富、名望、名牌和名車。我們以為成功是有能力搭頭等艙，IG有很多忠實的追隨著，只要報上名號就可以在最夯、最難訂的餐廳訂到位。我們認為成功是要受到眾人的認可，殊不知事實上最有意義的成功是理解與認識自己。

當然，對於那些想要賣東西給我們、鼓勵我們追求滿足的商人又是另當別論了，儘管這樣的滿足經常很短暫。他們想要我們以為快樂的關鍵就在於消費，而為了維持消費動力，就必須讓我們持續保持在一種不安和不滿足的狀態。

在國家劇院演說的那一晚，當我站在舞台旁等著上場時，我的腦袋開始胡思亂想。這一切有可能是真的嗎？走向舞台中央，看著眼前一排排的觀眾，我心想，就只是做自己，也值得獲得這一切嗎？我是不是被社會告訴我們關於成功的謊言給洗腦了，以至於當我成為最完整的自己時，卻覺得自己像個騙子？我擔心自己會被揭穿的想法，會不會只是一種過時又錯誤的庸人自擾？畢竟假如你已經花了大半輩子的時間塑造出自我懷疑的神經路徑，要重新改變自己的思考方式和生活習慣真的很難。一開始，每當你試著改變自己看待世界的方法，將失敗視為一個客觀的事實，而非對你個人的負面認定，你的心智可能會很不習慣這樣的想法。它會發出抗議，誤以為過去那種熟悉的想法才是最好的。然而，熟悉的事物並不代表對你是有益的；它反而往往會對你有害。

音樂聲漸弱，舞台燈光亮起。

沒錯，這一切都是真的。

失敗的經驗幫助我褪去總覺得自己不夠好的外衣。失敗讓我脫胎換骨，重新打造自己。它讓我跌落，卻也逼得我再站起來。失敗，以及學習如何面對失敗，讓我變得更好。而我最大的領悟是，當我更能夠做自己，別人也會給我更好的回應。他們覺得能夠與我坦誠相對。這樣一來就創造出堅實的情感連結。這是失敗帶來的凝聚力。

知名作家杜魯門・卡波蒂（Truman Capote）寫道：「失敗是為成功增添風味的調味劑。」人生有光明也有黑暗，一個人若不知道如何度過低潮，就無法真正體會攀上高峰的價值。然而我認為不只如此，能夠從失敗中學習，就能夠重新定義我們對成功的期待。現在對我來說，成功意味著可以在生活的各個領域中完全且真實地展現自己，在這樣的過程中你會變得越來越堅強，建立更有意義且更廣泛的人際連結。

我們每個人都可以學習怎樣失敗得更好。這麼說聽起來有點奇怪，或者有點強人所難，甚至是反直覺的。可是熟能生巧，藉由每一個可以讓我們成長的失敗經驗，我們會更接近真實的自己。對我來說，這也是一種成功。

失敗讓我們更了解自己。
失敗沒有什麼好怕的。
失敗成就了現在的我。
失敗也可以成就你。

過來人的失敗經驗分享

一旦我能夠與生活和平共處，

一切變得更有意義，我也變得更快樂了。

——演員庫什·珍寶 Cush Jumbo

在開始錄製每一季的podcast節目之前，我會請每一位來賓先想想三個他們不介意拿出來討論的失敗經驗，我將以此為基礎進行訪問。我完全不設限，不論是重大的失敗或是生活中的不如意都沒關係，只要他們願意說出來。

我經常在想，聽眾朋友可以從這些來賓們選擇分享的經驗以及講述自己經驗的方式，明白他們是怎麼樣的人。他們每個人談論的方法都不盡相同，有些人會以短短幾句話總結失敗，有些人則像是在書寫一篇美麗的短文。以下是一些舉例。

大衛・巴蒂爾 David Baddiel，喜劇演員、劇作家暨暢銷書作者

一、在一場企業表演中，底下坐著一堆銀行員，結果我的演出出了差錯，後來有將近十年的時間我一蹶不振。很抱歉這個故事裡會夾雜許多粗話，希望你不介意。

二、我最後一部成人小說，*The Death of Eli Gold*。我並不真的認為那是一個失敗，甚至覺得它是我寫過最棒的一部小說。那就是問題所在，從文學性的角度來看，它確實失敗了，導致我放棄寫小說，轉而寫童書（就市場來說頗有斬獲）。所以我想談談這件事，應該會很有趣。

三、在「喜劇救濟」（Comic Relief）的慈善球賽中沒有進球得分。

法蘭姬・布瑞吉 Frankie Bridge，英國創作型歌手

一、無法跟別人談論自己的心理問題。

二、無法在事業上獨當一面。

三、無法活在當下。

阿拉斯泰爾・坎貝爾 Alastair Campbell，作家、慈善運動家暨英國前首相布萊爾的溝通顧問

一、如果要說到小時候的經驗，我在大概七、八歲時有一次打架被揍得很慘，我記得當時我告訴自己，我必須學著替自己挺身而出，就算只能靠一己之力也沒關係。

二、一九八六年的分手經驗。

三、沒有充分認知到我做的事和我的心情會對另一半和小孩產生多大的影響。

菲恩・卡頓 Fearne Cotton，廣播人、Podcast 播主暨作家

一、我要談的第一個失敗經驗，在當時我不認為那算是一種失敗，可是對這件事有許多社會期待，所以我認為值得一談，因為很多年輕朋友可能會因此覺得羞愧和焦慮：我在中等教育普通證書（GCSE）考試中的大部分科目都不及格。

我在藝術、語文和體育項目得到A，其他的科目都不及格。我十五歲就開始在電視台工作，參與拍攝工作。當時我不覺得考試失利是什麼糟糕的事，因為我認為自己不適合學校教育，但是現在的孩子們承受很大的升學壓力。我甚至從自己六歲的孩子身上就看到這種壓力。這實在很瘋狂，我們必須加強的是孩子的軟實力，諸如和別人說話時要看著對方、保持禮貌、建立團隊合作精神，這也是學校必須教導他們的重要觀念。

二、第二個失敗同樣來自社會壓力。二十九歲那年，我訂了婚又取消婚約。那時候我心想我知道自己想要什麼，而且我渴望有自己的孩子。我不想要說太多關於前任的事，我很尊重他和他老婆，但我認為婚姻本身就帶有許多壓力，三十歲也是生命的一個關卡。所以我想談談我從這段經歷中學到什麼。

三、第三個失敗某種程度上來說比較不明確，卻帶領我走入新的領域，現在我覺得自己已經準備好可以談論它：我在二十幾歲的階段無法做自己，忠於自己。青少年階段，我的個人特質很顯明，我有自己的想法和特色；接著進入二十歲階段，我開始覺得自己跟這個世界格格不入，覺得自己有所不足，彷彿有數不清的缺點。所以我有十年的時間深受飲食失調所苦。二十出頭時，我患有嚴重的暴食症，二十五歲過後，它變成一種斷斷續續的壞習慣。一開始我覺得自己看起來不像是這個行業的人，我不夠酷、不夠聰明也不夠風趣，我感到混亂不安。我從來沒有跟別人說過這件事，但我覺得現在是時候了，我願意聊聊這些，而且妳的頻道是個讓人安心的地方，不用擔心會被模糊焦點。我想那是我要挖掘的最深層的內心。這也是為什麼現在我這麼注重健康以及生活飲食，我好好照顧著自己。我對於食物和料理深深著迷，因為過去我有很長一段時間沒有好好享受它們。直到最近幾年我才開始百分之百做自己，這種感覺真的很美好。

舒提・蓋特瓦 Ncuti Gatwa，演員

一、第一次歌唱試鏡時沒有先開嗓、清清喉嚨：小學大概七、八歲的時候，我參

加學校合唱團的甄選，以優異成績入選。我真的很愛唱歌，但老實說，機會越容易得到，我就越容易感到自滿。我和其他幾個小朋友去參加全市的少年合唱團甄選。那天我媽媽特地請假陪我，我們坐上巴士往城外一路駛去，看到來自其他學校的選手，我覺得喉嚨有點緊。我滿心害怕，事實上我擔心到連咳嗽都不敢，也忘了在輪到我之前先清清喉嚨，誰知道我在想什麼，我竟然怕我會因為這樣惹上麻煩。輪到我上場，結果我的聲音像青蛙一樣。最後當然沒有入選。

二、在環球劇場表演的時候睡過頭：同一時間我在環球劇場有兩個重要的角色演出。一個是《仲夏夜之夢》裡的狄米特律斯（Demetrius）；一個是*946: The Amazing Story of Adolphus Tip*裡的阿道夫斯（Adolphus）。兩部劇都是艾瑪．瑞斯（Emma Rice）執導，也都是很棒的作品。當時我正經歷一段特別難捱的人生階段，我尤其不想聽任何批評意見，不想承受任何壓力。但是這樣的態度對我的演出生涯是有害的，有一天晚上我意志消沉，事實上我甚至沒有準時起床準備表演。表演一點開始，我十二點五十七分才起床。那一天只能用悲慘來形容。

三、我和父親之間無法建立好的親子關係：現在狀況好一點了，我想我們都很開心，但是我認為過去我絕對可以更包容他也更接受他，讓彼此的關係更親近。現在我嘗試向他伸出手，多走近一步。

麥爾坎·葛拉威爾 Malcolm Gladwell，暢銷作家

一、小學階段我是我那個年齡層的優秀跑者。十六歲時我決定不跑了，因為我清楚知道自己不可能成為奧林匹克級的運動員，後來直到五十歲我都沒有認真看待跑步這件事。差不多有三十五年的時間，我剝奪自己最愛的運動，只因為我沒有理解到單單只是跑步這件事，就能夠帶給我多大的快樂。

二、我曾經在《紐約客》的雜誌專欄上引用查爾斯·莫里（Charles Murray）書中的一段話，因為他認為應該把低智商的人隔離起來，預防他們再生下一代。不過事實上，他的本意正好相反。（我忽略了關鍵的「否定」。）因為我不同意莫里的觀點，

所以就犯了這樣的錯誤，我對他的偏見讓我相信他會做出這種可笑又令人難以置信的主張。我很訝異自己竟如此荒謬。

三、我有一個認識多年的好友，後來我才發現她有很嚴重的酒癮。知道這件事之後，我們的友誼受到很大影響。是我放棄了她。我為什麼會這麼做，以及這是怎麼發生的，依然是我必須去面對的一個艱難問題。

凱莉・霍姆斯 Dame Kelly Holmes，奧運金牌選手

一、輟學。

二、沒能入選軍方的體能訓練師。

三、因為緊張所以在一九九五的世界錦標賽中只拿到銀牌。

庫什・珍寶 Cush Jumbo，演員

一、無法面面俱到：我來自一個大家庭，有六個兄弟姊妹。我們家可以算是不傳統的那種。我爸是一個很嚴格的奈及利亞人，他選擇待在家當家庭主夫養育小孩，而我媽則出門上班工作。我母親來自斯肯索普（Scunthorpe），她能工作就不休息只為了撐起整個家。他們在年輕時就認識，兩人都想要逃離自己的過去。他們以為打造屬於兩人的未來就可以遺忘過去。對他們來說，這表示生養了六個孩子；對我們六個小孩來說，這表示父母內心有滿滿的愛卻不知道怎麼當父母，或者說怎麼當個「大人」。我排行老二，上頭是一個姊姊，我們要扛起照顧弟妹的責任。我從小就被告知要當別人的模範，不論是在學校或家裡，或者是生活的各個層面。所以我很擔心讓家人失望，無法讓他們覺得驕傲，這是我一輩子都背負的包袱，影響我做的每個決定。近來透過心理治療以及丈夫與兒子的幫助，我開始能夠釋放糾纏我多年的恐懼，不過我還是會經常走回頭路。改變是一條漫長的道路。

二、無法積極表現：我不是那種從戲劇學校畢業、透過試鏡進入這一行的演員。

完全相反。雖然我在二十歲時以第一名的成績從戲劇學校畢業，但我完全找不到工作。我有一個經紀人，可是他不了解我也不相信我，所以我沒有收入。我知道自己夠好也夠聰明，也有不一樣的東西可以表現出來，但是要當個演員，除了本身的條件，還有太多其他的變數，這就是這一行最讓人受不了的地方。我總是覺得事情操之不在己，而且不斷被拒絕，更糟的是我的經濟狀況很不穩定。我什麼都沒有，銀行帳戶空空如也。有時候我甚至不曉得下一頓的著落在哪兒。數不清有多少次我拜託房東讓我晚一點再付房租。我雙親若好過一點的話也會幫我忙，但他們往往自身難保，所以每次我向他們開口求助時都滿心罪惡感。在二十出頭時，日子過得勉勉強強對有些人來說可能是種刺激，但隨著年歲增長，看著朋友們的生活越來越穩定，有了目標和事業小有成就，你看越多就會越覺得自己的生活無望，不知道自己為什麼存在這個世界上。除了當演員，我沒有想過自己還想要做什麼，可是現實卻告訴我此路不通。更慘的是，我無處可躲，也不知道怎麼讓自己變得更好，我過得實在太拮据了，而且那時候我還經歷可怕的分手夢魘，生活各方面都一敗塗地。我搬回父母家，陷入想要輕生的黑洞裡。有一天自殺的念頭特別強烈，我知道我得做些什麼，我起床，穿上鞋，預約醫生，告訴他我覺得很不安。一個月之後我養了一條狗（我做過最棒的事），寫了 *Josephine and I* 的初稿，不為什麼，就因為我必須這麼做：如果無法從寫作中找到出口，我就會放棄生命。我喜歡跟年輕的表演學生分享這些經驗，如此一來他們才會懂得，照顧自己的心理健康對這一行的人來說是很重要的事，以及當事情無法如你所願時，如何持續找到喜悅和創意的來源：不論是和家人或朋友相處，或是去逛逛美術館，或是看表演或看書，或者聽聽音樂，然後好好過生活。

三、無法兼顧家庭與事業：多年之後，我很幸運找到一個很棒的老公，事業前景欣欣向榮，還生了一個寶寶。麥斯是老天送給我的禮物，但他的出現也是我生命中最大的挑戰。連我自己的爸媽都無法想像我怎麼兼顧家庭和事業，更不用說現在我還必須為人母。我全心投入工作，從來沒想過要生小孩，事實上我不確定我想要有小孩，但他就是來了，那是上天賜給我的禮物，卻也讓我的生活翻天覆地。我討厭懷孕的過程，但我覺得自己不能坦白這樣說。我覺得被困住了，就像是一種幽閉恐懼症，可是我不能說。整個孕期期間，我一天工作十四個小時，因為職場環境使然我不想示弱，也不想被別人認為我是大驚小怪。兒子四個月大時我就回去工作，所以生產後我得立刻讓自己恢復身型。沒有人告訴我得這麼做，是我自己覺得我必須這麼做，我努力要平衡生活的各個層面。有一陣子我什麼都想要親力親為，而且想要做得完美，但是後來我發現這根本是不可能的事。那是身為女人被教導的一個謬誤，一個我們被洗腦的教條。直到有一天，有個人告訴我一句話，對我來說很受用：每樣東西都有其代價。一旦我能夠與生活和平共處，一切變得更有意義，我也變得更快樂了。

托馬斯・克里奇 Tom Kerridge，廚師

一、只拿到中等教育普通證書。

二、生意失利（大概九年前開了一家酒吧，經營不善倒了）。

三、酗酒的問題，或者應該說我真的很能喝也很愛喝！從而導致我常常不知今夕

是何夕，不懂得活在當下。

瑪麗安・凱斯 Marian Keyes，作家

一、無法進入新聞學院：對此我感到很羞愧和懊悔，也覺得有野心和抱負是一件痛苦的事。這樣的挫折讓我更加相信自己一無是處，我最好接受自己就是這個蠢樣。我把自己困在一個高不成、低不就的工作裡。（現在回想起來，我可能會是一個差勁的記者。我只是為了報導而報導。還好我沒走上那條路，不然可能早就在哪個階段崩潰了。）

二、沒有生小孩：我喜歡家庭，所以我的寫作題材都是關於家庭。我們說過要生六個小孩，每個都要取愛爾蘭的名字。對我來說，家就是要有很多成員。我知道沒有人什麼都能夠擁有，我們無法控制任何事情。就算你無法得到你想要的，它或許會以不同的形式來到你身邊，在我的情況裡，就是那些姪子姪女和外甥們。

三、一輩子對體重斤斤計較：肥胖恐懼症是常見的心理問題，也是一種陰謀，看看人們如何把女人的外表視為一種公開的商品，談論和批評女人的身材被認為是可以被接受的，如果一個女人成功瘦身就會得到公開的讚揚。對此我還找不到解答。這是一件會讓生活過得很痛苦的事，我知道這不合理，也是性別主義所要推翻的，但我還是希望自己能夠再瘦一點。

傑米・萊恩 Jamie Laing，企業家、電視實境秀名人

一、我八歲時父母離婚，我被送到寄宿學校，從小照顧我的保姆也走了，接著我跟著母親搬到倫敦，所有這些都在那一年發生。

二、十八歲時到義大利旅行時跟人家玩橄欖球，結果弄傷了十字韌帶，從此再也不能打球了。（青少年時期我的人生藍圖就是要當一個橄欖球員。）

三、三十歲的時候，沒有辦法好好維持一段關係。

卡爾・羅高 Karl Lokko，詩人、前幫派領導

一、相信街頭幫派的謊言而讓朋友和社會失望了。

二、音樂之路腰斬，我真的覺得自己讓身邊的人都失望了。

三、沒有登上馬特洪峰（Matterhorn）。

媚布兒 Mabel，流行歌手

一、經常失眠。

二、沒辦法當個素食主義者。

三、記不住歌詞。

薇琪・麥克魯爾 Vicky McClure，演員

一、我的工作……無數次的工作失敗、試鏡失敗。

二、學校方面：我玩得很盡興，可是在知識上完全沒有長進。

三、我有過幾段失敗的關係，因為我一味配合對方、符合別人的期待……只能說當時年輕不懂事。

四、還有一個失敗是我自己的個性使然：如果事情沒有安排得井然有序，我就無法享受其中樂趣，這讓我過得很辛苦。我是一個什麼都要按表操課的人，但這種態度在生活上可能是個阻礙。

五、我也沒辦法保持運動的習慣，每次我都希望能夠成功，卻總是虎頭蛇尾。

總之我有很多失敗可以聊，我們邊聊可以邊挖掘出更多的失敗經驗。真是說不完的失敗！

艾拉・伍德沃德 Ella Mills aka Deliciously Ella，商場女強人暨美食博主

一、無法接受自己的脆弱，在生病時封閉自我。

二、無法親餵母乳。

三、無法接受生意上的失敗。

傑斯・菲利普斯 Jess Phillips，政治人物

一、避孕失敗（生下大兒子）。

二、無法讓居家上班的相關法案快速通關。

三、無法處理我哥哥藥物成癮的問題。

安德魯・史考特 Audrew Scott，演員

一、十歲時在孩童的戲劇競賽中失敗。

二、申請都柏林三一學院失利。

三、不是一個異性戀。

萊姆・西舍 Lemn Sissay，詩人

一、沒有結婚。沒有小孩。

二、無法維持我一輩子都渴望擁有的一個家庭。

三、無法成為我但願自己有天可以成為的那種詩人。

奈傑爾・斯萊特 Nigel Slater，廚師、美食作家

一、我讓我父親失望了：我父親有五個兄弟姊妹，由身為單親媽媽的祖母撫養長大。他本來學的是槍械製造，後來成為一名工程師。他日夜不停奮鬥，在黑鄉伯明罕（Birmingham）成立了一家大型的工程公司，他以為他的大兒子，我哥哥約翰，會子承父業，接手經營公司。但是他不想接。第二個兒子安德魯也不願意，他移民到澳洲去。我是父親最後的希望，他希望有人可以繼承他辛苦建立的事業。當我告訴他我想當廚師時，他的失望溢於言表。我想他傷心透了。後來他把公司以低價賣掉。他永遠不會原諒我的。

我的出生是個意外。我跟上一個哥哥差了十七歲。我媽媽懷我的過程中患有嚴重氣喘，最終甚至因此喪命。父親沒有多說什麼，但是我肯定他把母親的死怪罪於我。如果她沒有生下我，他就不會失去另一半。

二、我不是一個好廚師：我一直知道我想要當個廚師。我從來沒想過要做其他的事。所以我在學校學習烹飪（在一九六〇年代那可是一件大事），還上餐飲學校（我

學到很多），畢業後到不同的餐廳與飯店工作。可是從我穿上廚師袍的那一刻起，我總是覺得好像有什麼地方不對勁。我覺得自己像個小丑。

我在一家星級餐廳當學徒，卻對於日常工作越來越失望和無力。最後我難過地發現，我一直想要做的事情其實對我來說根本行不通。我討厭關於廚師的每件事。我從那家在北英格蘭備受好評的餐廳逃走，落腳康瓦爾（Cornwall），和我小姨子一起經營民宿和古董店。

冬天時沒什麼生意，我搬到倫敦，在一個朋友家打地鋪，然後在一家咖啡廳打工。在那裡我認識一位雜誌編輯，她請我測試一些雜誌作家的食譜。這就是我從事了三十年的美食作家的緣起。

三、我讓朋友失望了：我是一個糟糕的朋友。我會忘了朋友的生日、不遵守承諾，也是一個社交怪咖。我答應了朋友卻沒做到的事情真的是數也數不清。假如你要他們形容我，我保證最常出現的就是「自私」這個詞。

梅拉・莎爾 Meera Syal，喜劇演員、劇作家暨作者

一、根據超級保母吉娜・福特（Gina Ford）的方法養育第二個小孩：我的第二胎距離第一胎有十三年的時間，我幾乎都快忘了怎麼帶小孩。號稱育嬰專家的吉娜・福特在二〇〇五年當時很紅，所以我誤以為，好吧，跟著她做就對了：我的意思是，每個家有寶寶的爸媽好像都這麼做，方法明確而且看似言之成理，六個星期內我就會教出一個天使寶寶，可以乖乖睡過夜、在固定的時間喝奶。但這一切都是鬼話連篇，兒子六個月前我覺得自己根本就是個失敗的媽媽，我很後悔沒有照著自己的本能行事。現在兒子十三歲了。吉娜・福特教我們很多有用的經驗，但是只有你最了解自己的孩子，你知道他需要什麼。如果你不知道，你就問他們、問你的另一半、問你媽媽，或是有同樣年紀小孩且你信得過的朋友。就是不要盲目追隨暢銷書裡的做法，還是由一個沒有生養小孩的女士所寫的。

二、試鏡。現在我知道自己其實很不擅長這件事。試鏡成功的機率大概是百分之五，而且我還不太在乎。想起來真是汗顏，我唯一一次和我永遠的女主角維多莉亞・

伍德（Victoria Wood）一起試鏡，我表現得實在糟透了：我可以看到她臉上的希望之情漸漸淡去，取而代之是失望，接著是困惑，然後不耐與厭煩。

最終我明白，當你帶著絕望走進房間，我保證你的表現也會很絕望，讓別人根本不想要用你。（在我開始擔任製片之後，坐在桌子另一頭評估演員的試鏡表現時，我更加相信這一點。）當你想要去爭取一份自己喜愛的工作時，你必須帶著一顆開放和喜悅的心走進去，想想看：我們可以一起工作，一起做些很棒的事嗎？假如你沒有爭取到那份工作，不要覺得是自己的錯，尤其演員這種工作更是如此，你只是一個產品，有時候有很多不同的理由你就是不適合那個角色。保持開心的心態，這場演出是別人的，下一場可能就是你的。

三、數學不好。別誤會，我當然可以做基本的加減乘除，但代數之類的我就不行了。高中時我每次數學考試都不及格，但我是移民，別人假設我的數學就是要很好。移民的工作倫理：假如你對某件事不在行，只要付出更多努力你就會成功。但就數學來說，無論我多麼努力都沒用。或許是因為我遇到一個充滿種族主義的老師，我學越久，就變得越笨。面對一件自己無論怎麼努力也做不好的事，實在是一場夢魘。絕望之下，加上如果沒有基本的數學O-level，很多大學都無法申請，所以當時我爸媽給我請了一個數學家教。簡單來說，他是我爸媽的朋友，在印度念到大學畢業，但在英國則以賣冰淇淋維生。他會在他的貨車上教我數學，賣冰淇淋的鈴聲還開著。直到今天，我聽到賣冰淇淋的聲音還是會嚇出一身冷汗。不過他奇蹟式地讓我考試過關。我拿到C。經歷過這些氣餒、汗水、金錢和眼淚，我總算拿到C的成績。後來我爸媽終究明白我不可能當個醫生，或者從事任何跟科學有關的工作，他們放手讓我念英文和戲劇：在我們的圈子裡，我是我聽過唯一被允許學習「沒有用的科目」的女孩。至於其他一切就是歷史了。

麗莎・塔迪奧 Lisa Taddeo，作家

一、我父母（事實上是我整個家庭，包括狗兒）在我二十多歲時過世後，我有很

長一段時間不再寫作，拿賣掉房子的錢隨意揮霍，吃昂貴的晚餐、為了一個男人從紐約大學（我拿到全額獎學金、可以上有趣的課，像是限額十名的吳爾芙講堂）轉到州立羅格斯大學。我每天抽大麻，跟一個習慣把貓砂倒進浴缸沖掉的年輕女孩住在一起（實在很奇怪，貓砂不是要用來吸水的嗎）。不過這已經比我在紐約大學的室友珍妮好太多，珍妮有自殺傾向，會拿狗的飼料碗裝麥片吃，還會拿用過的棉花棒造成一個城堡。

二、我的職業生涯裡有無數小挫敗，但是我不會讓它們一直停在原地。並不是我有多厲害或充滿野心，而是因為我是一個有強迫症的摩羯座。當《君子》（*Esquire*）雜誌的編輯透過網路告訴我，我替他們撰寫的第一篇故事（我的大好機會）的初稿很棒但還不到刊印的標準時，我大哭一場，還抽了大概五十根菸，然後當晚我就重新寫作，整個架構翻新，直到我覺得夠好了，隔天早上寄給他們，準時付印。一開始之所以失敗，是因為我試著寫出他們想要的故事，而非我想要的。

三、最大的失敗：事實上，這個失敗持續進行中，我不知道它何時才會結束。我每天都為此焦慮不已，又要謹慎處理。事情是關於我女兒，我害怕會再度發生。但更可怕的事實是，我從來不想要改變這個狀況。我想這是我最大的挫敗。我擔心死亡，以及我愛的人將會死去，看看第一個失敗就能理解我的焦慮。我就是無法讓自己不去控制這些事情，不然我無法工作，也無法思考。

崔西．索恩 Tracey Thorn，音樂家、作家

一、無法申請進入東英吉利大學（University of East Anglia）：我的面試表現實在是一場災難，所以他們沒有同意我入學。我轉而進入赫爾大學（The University of Hull），在那裡認識了班恩。

二、沒有考上駕照：儘管重考過了，不過我是個三寶駕駛，總是認為沒通過考試才是對的結果。後來我發生車禍，從此再也沒開過車了。

三、沒辦法透過催眠治療改善我的舞台恐懼症：但是這讓我理解到，想要用快速

的方法去修正一個重大的問題是行不通的，最後我才找到適當的治療方式。

菲比．沃勒．布里奇 Phoebe Waller-Bridge，作家、演員暨劇作家

一、沒有預料到《邋遢女郎》這齣戲對我家人產生的影響。

二、想要取悅別人，不願意表達異議或挑起戰火。

三、總是讓房間亂糟糟的。

陳玟瑋，無限融合樂團鼓手

有記憶以來，身邊的長輩老師、看到的文章書籍，都告訴我們要努力才有成就，也教導我們如何才能成功。常常聽到：「只許成功，不許失敗！」彷彿我們的人生只能成功，失敗就是罪惡，失敗就是不可饒恕，失敗就是人生不再彩色。很少有人帶我們認識失敗，告訴我們怎麼面對失敗，如何在失敗之後依然能夠泰然自若，從失敗中吸收經驗，記取教訓。

我是一位職業樂手，我的工作是和許多知名歌手一起在舞台上演出，一起跑巡迴，舞台在哪裡我們就往那裡去。在我的行業裡或許我是成功的，當然比我成功者大有人在，而在我做到我想做的事之前，我也跟大多數人一樣經歷多次失敗。

我的第一所大學念的是彰化師範大學，第一次上大學難掩興奮，從小就被困在學校牢籠裡的鳥兒終於可以盡情放飛自我。聽聞所謂的大學金三角：學業、社團、愛情，於是我一頭栽入了熱門音樂社，學習爵士鼓。當時真的是一頭熱，每天花十到十六個小時打鼓，樂此不疲。直到大一下學期結束，去了成功嶺大專集訓（我很幸運是最後一屆），在第二週的某一天，一個晴天霹靂的消息傳到隊部……我被退學了。

當時的教育班長把我拉到旁邊私下跟我講了這個消息，叫我不要想太多，人生還很長。我印象非常深刻，聽到這個消息的當下腦袋一片空白，耳朵裡嗡嗡響，楞了好一會兒，直到教育班長把我搖醒。有好幾天的時間我一直無法相信這是真的，希望只是一場惡夢。集訓結束回家後免不了一頓責罵，接下來渾渾噩噩每天混在撞球場，就這麼過了一年，在報名聯考的最後期限前我突然想起我的鼓手夢，於是才重新振作報考，這次重考到台灣科技大學。

上台北後繼續我的鼓手夢，繼續燃燒熱情，並找到了崇拜很久的台灣鼓王黃瑞豐老師學習。我沒忘記被退學的痛，在打鼓之餘也把課業顧好。日後也因為來台北發展才讓我有機會開展職業生涯之路。回想起四十年的人生，在各個階段都有好多血淚交織的故事，失敗的經驗遠大於成功的經驗，我相信大多數人皆是如此。

賴床沒搭上公車捷運導致遲到，失敗。汽機車駕照沒考過，失敗。別人考一百分我考五十九，失敗。與交往五年的女友分手，失敗。什麼?!連女友都交不到？失敗中的失敗！

但……那又如何？我不是要你擺爛，而是想告訴你：「嘿，這真的沒什麼。」雖然結果不如預期，但過程讓我們成長。

下次想賴床就會想起遲到，知道要趕快跳下床！駕照沒考到，但經驗值增加，考取機率也增加！一百分沒辦法再進步，而我還有四十一分的進步空間！與女友分手，表示可以換新的女友了！

轉換想法這個世界就變得不一樣了，是不是很神奇？接受失敗，面對失敗，向失敗學習，反而更能夠讓我們成長。畢竟失敗無所不在，成功尋尋覓覓。

求學過程中有位老師說過一句話，我一直記在心裡：「當你遇到不會的題目時不要沮喪，反而要開心。因為，你又能進步了。」

李亞歷，篳路藍縷一路向前的創業者

「當你真心渴望某件事時，全宇宙都會聯合起來幫助你。」第一次有這樣的感覺，是在創業之後。大學畢業便踏入了行銷企畫的工作，從信用卡公司、百貨、廣告、展覽、遊戲到藝文界，每隔幾年就會有種念頭蠢蠢欲動，「該走了吧！試試其他企畫吧！」也因為如此，身邊的朋友往往笑稱我是顆老草莓，而且把草莓的特色發揮得淋漓盡致，特別濃醇香。由於大學三次落榜的經歷，加上不停變換的工作，在別人的眼中可能是種「失敗」，這種類型的「失敗」倒不是真的遭遇重大挫折，而是在每次聚會的笑鬧之間，活在別人眼中，無從辯解。由於每次的決定只有自己清楚，所以面對未知，我還是朝著自己的想法走去。離開近二十年的職涯，開始經營起自己的事業，不知不覺從行銷解鎖了設計、影像製作的技能，靠著這些技能突破了過往的薪資高度，一次次刷新紀錄。成功？失敗？由誰定義！如果你心裡明白與相信，全宇宙都會聯合起來幫助你。

瑪莉楊，深深體會人生際遇無常的職場管理者

在三十出頭時接了部門主管職，運作一段時間，覺得轄下同事各有擅場，且彼此之間默契十足，業績也屢創新高。那段時間，在公司裡走路有風不是重點，整個部門

意氣風發、談笑間攻城掠地才是最令人痛快的事。

但天下無不散的筵席，有人成家立業，有人另有規畫，有人意欲深造，無可挽留，組織的黃金陣容不再。人才培育不易、青黃不接，頓失左臂右膀的我做起事來總覺得處處受限，有好案子不敢接，怕能力不足、應付不來、做不好，反而損己害人，心裡總是懊喪感嘆。

往後，經歷的只是更多的人事流動，寄予厚望的，甚至陣亡得比誰都快，早先還意難平地想著，再有誰提離職，必得over my dead body！但「一回生，二回熟」，碰得多了，麻痺了，送舊迎新成了職涯的某種日常。若頻頻回首，便無法前行。耽溺於緬懷過往，恐怕只會讓人失去更多。人在舒適圈待久了，十有七八會受限於經驗判斷，缺少冒險精神；新血的作為與發言或許常常讓人瞠目結舌、不解這判斷邏輯從何而來，卻可能帶來新的激盪、開拓新領域並得以樹功。

組織不斷變形，是適應市場變化的最好良方，每一次調整，都是省視自身有何匱乏的最好良機：知道自己缺什麼，才能補什麼；知道自己有什麼，才能發揮什麼。失之東隅，收之桑榆。當下的安排，往往是最好的安排。

陳小帆，在現實中但求自在的上班族

大學畢業之前，一直覺得日子算得上順心如意，即使從來不是最聰明、最優秀的孩子，只要稍加努力，多半都能達到一定程度「還過得去」的結果。或許是年輕氣盛，學業上與生活中難免的挫折、失誤，也不怎麼放在心上。人生的第一個二十年，就像曾聽過的一句話所形容的：「除了死，其他都只是擦傷。」這般無畏地過著。

直到進入職場，對於「失敗」才漸漸有了多一點體會。有時以為已經夠努力了，卻經常感到成事不足；有時以為已經夠有把握了，卻經常被聰明誤。人生的第二個二十年，說來並非過得多麼驚濤駭浪，或遭受多少坎坷折磨，但是跌跌撞撞累積著社會經驗的同時，當無力感襲來，難免在某些時刻覺得似乎快倒下了，每一步都走得有些勉強。

轉眼，就這麼迎來了人生的第三個二十年，我期許能重新找回那個無畏的自己，失敗也能坦然面對，活得更從容自在。

劉麥克，說不在意其實很在意的企業接班人

回顧自己三十多年的人生，失敗的例子實在是太多了。從學生時期的大考落榜、女朋友劈腿，到出社會後的職場人際經營不善、投資股票大賠，每次的失敗都讓我相當沮喪，並讓我體悟到：面對每一次的失敗，先不要太悲觀，因為還會遇到下一次。

就在那段被失敗籠罩的低潮時期，我辭掉了上班族的工作，接手了以食品經銷為主的家業。起初，因為市場行情不錯，做得順風順水，營收也年年增長，漸漸地，以為失敗已經離我遠去；然而，後來不幸遇到食安風暴，公司營收急速下滑，也開始連年虧損，自己的心態甚至一度瀕臨崩潰的邊緣。

某天，我到朋友家吃飯，摸了摸他養的美國短毛貓，摸著摸著，想起過去的種種

失敗，突然意識到：或許最壞的狀況差不多就這樣了吧，也沒有多少空間可以再往下了。往後，就算面對失敗，也有了過去的經驗可以參照，所以應該想的是如何減少每次失敗所造成的傷害程度。

不過說真的，這種在自己的失敗中汲取教訓的方式，雖然印象深刻，也確實有用，我認為還不算是最好的方式。聰明的人，不僅能在自己的失敗中成長，同時也能在他人的失敗中學習。可惜的是，關於他人失敗經驗的獲取管道，可能因各人的生活圈而異，而這本書的出現，正好大大彌補了這個缺憾。

本書不僅蒐羅了各領域名人的失敗經歷，更整理出他們克服失敗的經驗法則與人生智慧，自己讀完以後，不敢說往後就能不犯跟他們一樣的錯，但我相信，至少能在每一次失敗時，可以站在他們的肩膀上，看得更遠，也看見更多的可能性，而不是再次陷入失敗的迴圈。

德比梁，尋找一個夢想家的名校高材生

從中南部北上就讀某國立前段大學，曾經以為大學畢業之後，迎接自己的會是光明的前途，沒想到一步出宿舍，等著自己的是不斷搬遷的天龍國漂泊租屋之旅。工作經歷和薪資成長緩慢堆積，看過的房屋名單和累積的搬家費用卻沒有停止的盡頭。

總是終於跟一個地方熟悉起來，終於找到附近喜愛的餐廳，終於開始習慣散步路線，開始認識附近街貓。房東一條訊息，一切重新歸零。

曾經相當喜歡的一個櫃子，在搬家途中撞傷了。從此為了方便搬遷，不願擁有任何東西，冰箱、洗衣機、電視，都從二手社團撿來。搬不帶來，遷不帶走。

為了降低租金壓力，尋找室友一同分租房間，他們經常很年輕，有時是跟我同校不同系的學生。經常住了不久，就搬到更遠的國外讀書、工作。

一邊讀吳爾芙《自己的房間》，一邊憧憬：什麼時候能夠擁有一個自己的地方呢？可以買自己喜歡的家具，在牆上貼自己喜歡的畫，養一隻貓，把搬家業者和裝潢師傅的 line 通通刪除。

相信總有一天，會有一間自己的房間。

嗨克彭，職場奮鬥尋覓人生方向的北漂青年

人們傾向對成功滿懷憧憬，對失敗避而不談。也因此令人容易忽略，有了這些失敗的時刻，才讓人有超越自身的機會，以失敗作為跳板的力量，反而能使人跳得更高。失敗可以很日常，也可以很淒慘壯烈——一切端看自己如何定義。

我學生時期最重要的兩次大考，都沒能順利考上心目中理想的志願。考前我盡了最大的努力，期望能拚上當時在我心裡象徵「通往成功之路」的學校，但我滿心的期望和對未來的美好想像，都隨著「落榜」兩個字跌落了谷底，只能被迫地逼自己接受現實，無止盡的失望和自我懷疑也接連襲捲而來。「我的未來還有什麼好值得期待的呢？」是我那陣子反覆問自己的問題。新學期開始後，也因長期缺乏追尋新目標的動力，苟延殘喘般過著校園生活，成績也一直是末段班的常客。現在回想起來，慶幸自

己即便再怎麼無力，還是一樣盡自己最大的努力前進著，才有機會遇上後續這些超乎想像的事。後來，我終於為自己找到了新的目標——交換學生。腦中再度交織著達成目標後的美好想像，一切彷彿重生般地充滿希望。但最後我又失敗了，達不到高分成績的門檻，使我連爭取機會的門票都沒能拿到。但此時的我已受過失敗經歷的鍛鍊，變得更能坦然面對期望落空的處境。就如周杰倫唱的那句「追不到的夢想，換個夢不就得了」，過往的失敗，讓我在追尋目標的過程中學會了轉彎，現在的我，可以非常肯定地告訴當時的自己：「你的未來不只美好，還充滿許多意想不到的驚喜！」

臺灣之光郭婞淳，在二〇二〇東京奧運期間挑戰新世界紀錄失敗，卻因倒下後那真情流露的笑容，博得了更多的關注和掌聲。可見，失敗其實就只是失敗，它並沒有辦法全然定義我們所盡的努力，也不會因為我們未能達到成功，就從此被認定為一個不成功的人。

從今天開始，好好鍛練自己的失敗力吧！

國家圖書館出版品預行編目資料

失敗學：每一次失敗，都是一次生命系統的升級
伊莉莎白・德依 Elizabeth Day 著；羅雅涵 譯. -- 初版. --
臺北市：商周出版：家庭傳媒城邦分公司發行, 2021.09
面； 公分. --
譯自：Failosophy: A Handbook For When Things Go Wrong
ISBN 978-626-7012-63-5（平裝）

1. 失敗恐懼症 2.自我實現

176.5 110013181

失敗學：每一次失敗，都是一次生命系統的升級

原著書名 / Failosophy: A Handbook For When Things Go Wrong
作者 / 伊莉莎白・德依 Elizabeth Day
譯者 / 羅雅涵
責任編輯 / 陳玳妮

版權 / 黃淑敏、劉鎔慈
行銷業務 / 周丹蘋、賴正祐
總編輯 / 楊如玉
總經理 / 彭之琬
事業群總經理 / 黃淑貞
發行人 / 何飛鵬
法律顧問 / 元禾法律事務所 王子文律師
出版 / 商周出版
城邦文化事業股份有限公司
臺北市中山區民生東路二段141號9樓
電話：(02) 2500-7008 傳眞：(02) 2500-7759
E-mail：bwp.service@cite.com.tw
Blog：http://bwp25007008.pixnet.net/blog
發行 / 英屬蓋曼群島商家庭傳媒股份有限公司城邦分公司
臺北市中山區民生東路二段141號2樓
書虫客服服務專線：(02) 2500-7718・(02) 2500-7719
24小時傳眞服務：(02) 2500-1990・(02) 2500-1991
服務時間：週一至週五09:30-12:00・13:30-17:00
郵撥帳號：19863813 戶名：書虫股份有限公司
讀者服務信箱E-mail：service@readingclub.com.tw
歡迎光臨城邦讀書花園 網址：www.cite.com.tw
香港發行所 / 城邦（香港）出版集團有限公司
香港灣仔駱克道193號東超商業中心1樓
電話：(852) 2508-6231 傳眞：(852) 2578-9337
E-mail：hkcite@biznetvigator.com
馬新發行所 / 城邦(馬新)出版集團 Cité (M) Sdn. Bhd.
41, Jalan Radin Anum, Bandar Baru Sri Petaling,
57000 Kuala Lumpur, Malaysia
電話：(603) 9057-8822 傳眞：(603) 9057-6622
Email：cite@cite.com.my

封面設計 / 李東記
排版 / 新鑫電腦排版工作室
印刷 / 韋懋印刷有限公司
經銷商 / 聯合發行股份有限公司
電話：(02) 2917-8022 傳眞：(02) 2911-0053
地址：新北市231新店區寶橋路235巷6弄6號2樓

■2021年9月30日初版
定價 340 元

Printed in Taiwan
城邦讀書花園
www.cite.com.tw

ISBN 978-626-7012-63-5

廣　告　回
北區郵政管理登記
台北廣字第00079
郵資已付，免貼郵

104台北市民生東路二段141號2樓

英屬蓋曼群島商家庭傳媒股份有限公司　城邦分公

請沿虛線對摺，謝謝！

書號：BK5185	**書名**：失敗學	**編碼**：

請於此處用膠水黏貼

商周出版

讀者回函卡

線上版讀者回函卡

感謝您購買我們出版的書籍！請費心填寫此回函卡，我們將不定期寄上城邦集團最新的出版訊息。

姓名：________________________ 性別：☐男 ☐女

生日：西元__________年__________月__________日

地址：____

聯絡電話：__________________ 傳真：__________________

E-mail ：

學歷：☐ 1. 小學 ☐ 2. 國中 ☐ 3. 高中 ☐ 4. 大學 ☐ 5. 研究所以上

職業：☐ 1. 學生 ☐ 2. 軍公教 ☐ 3. 服務 ☐ 4. 金融 ☐ 5. 製造 ☐ 6. 資訊

☐ 7. 傳播 ☐ 8. 自由業 ☐ 9. 農漁牧 ☐ 10. 家管 ☐ 11. 退休

☐ 12. 其他________________________________

您從何種方式得知本書消息？

☐ 1. 書店 ☐ 2. 網路 ☐ 3. 報紙 ☐ 4. 雜誌 ☐ 5. 廣播 ☐ 6. 電視

☐ 7. 親友推薦 ☐ 8. 其他________________________

您通常以何種方式購書？

☐ 1. 書店 ☐ 2. 網路 ☐ 3. 傳真訂購 ☐ 4. 郵局劃撥 ☐ 5. 其他______

您喜歡閱讀那些類別的書籍？

☐ 1. 財經商業 ☐ 2. 自然科學 ☐ 3. 歷史 ☐ 4. 法律 ☐ 5. 文學

☐ 6. 休閒旅遊 ☐ 7. 小說 ☐ 8. 人物傳記 ☐ 9. 生活、勵志 ☐ 10. 其他

對我們的建議：________________________________

____

____

請於此處用膠水黏貼